Dietl

ES V

DIIR-SCHRIFTENREIHE

Band 47

Revision von Sachinvestitionen

Prüfungsleitfaden von Vorplanung bis Projektreview

Herausgegeben vom DIIR – Deutsches Institut für Interne Revision e. V.
Erarbeitet im Arbeitskreis „Bau, Betrieb und Instandhaltung/Technische Revision"

Erich Schmidt Verlag

Bibliografische Information der Deutschen Nationalbibliothek
Die Deutsche Nationalbibliothek verzeichnet diese Publikation
in der Deutschen Nationalbibliografie;
detaillierte bibliografische Daten sind im Internet über
dnb.ddb.de abrufbar.

Weitere Informationen zu diesem Titel finden Sie im Internet unter
ESV.info/978 3 503 13615 5

Die Angaben in diesem Werk wurden sorgfältig erstellt und entsprechen dem Wissenstand bei Redaktionsschluss. Da Hinweise und Fakten jedoch dem Wandel der Rechtssprechung und der Gesetzgebung unterliegen, kann für die Richtigkeit und Vollständigkeit der Angaben in diesem Werk keine Haftung übernommen werden. Gleichfalls werden die in diesem Werk abgedruckten Texte und Abbildungen einer üblichen Kontrolle unterzogen; das Auftreten von Druckfehlern kann jedoch gleichwohl nicht völlig ausgeschlossen werden, so dass aufgrund von Druckfehlern fehlerhafte Texte und Abbildungen ebenfalls keine Haftung übernommen werden kann.

ISBN 978 3 503 13615 5
ISSN 1867 2884

Alle Rechte vorbehalten
© Erich Schmidt Verlag GmbH & Co. KG, Berlin 2011
www.ESV.info

Dieses Papier erfüllt die Frankfurter Forderungen der Deutschen Nationalbibliothek
und der Gesellschaft für das Buch bezüglich der Alterungsbeständigkeit
und entspricht sowohl den strengen Bestimmungen der US Norm Ansi/Niso Z 39.48-1992
als auch der ISO Norm 9706.

Satz: Peter Wust, Berlin
Druck und Bindung: Danuvia Druckhaus, Neuburg/Donau

Vorwort

Für die Bestandserhaltung und Weiterentwicklung in den Unternehmen ist die erfolgreiche Umsetzung fortlaufender Investitionen von essentieller Bedeutung. Daraus ergibt sich für die Interne Revision die Notwendigkeit, die Investitionsprojekte hinsichtlich der wirtschaftlichen und regelkonformen Durchführung zu prüfen. Der Arbeitskreis Bau, Betrieb und Instandhaltung/Technische Revision beim DIIR – Deutsches Institut für Interne Revision e.V. hat den vorliegenden Prüfungsleitfaden zur Revision von Sachinvestitionen erarbeitet. Mit den kommentierten Prüfungsfragen soll der Leitfaden der Internen Revision und auch weiteren Fachleuten in kaufmännischen und technischen Bereichen ermöglichen, gezielt und systematisch die einschlägigen Themenkomplexe abzuhandeln.

Dieser Leitfaden basiert auf den praxisbezogenen Erfahrungen der Autoren, die sie im Rahmen langjähriger Revisionstätigkeit in ihren Unternehmen gesammelt haben.

Den Mitgliedern des Arbeitskreises, die den vorliegenden Leitfaden erarbeitet haben, sprechen wir Dank und Anerkennung aus. Der Arbeitskreis unter der Leitung von

      Kay ROTHE, Bonn

bestand zum Zeitpunkt der Fertigstellung dieses Leitfadens aus den Mitgliedern:

      Raif AKTÜRK, Frankfurt/Main
      Felix AMSHOFF, Berlin
      Armin BARUTZKI, Darmstadt
      Hermann BAYERSCHMIDT, Karlsruhe
      Heike BEHR, Wiesbaden
      Thomas BÜRGER, München
      Stefan EGGERS, Bonn
      Andreas EITELHUBER, Ingolstadt
      Gerd ENGEL, Rüsselsheim
      Manfred GÖDECKE, Bremen
      Herbert HEISTERKAMP, Essen
      Gerd KORTE, Essen
      Clemens KORTMANN, Düsseldorf
      Dietmar KUNZ, Frankfurt/Main
      Karl-Heinrich MEYER, Düsseldorf
      Rolf PETER, Frankfurt/Main
      Wilfried D. PHILIPP, Stuttgart
      Cornelia RIEGGER, München
      Valeska SCHELIGA, Potsdam

Vorwort

        Marco SILBERNAGEL, Mannheim
        Christian THOMS, Neckarsulm
        Frank VOELTZ, Wolfsburg
        Klaus P. VOLKMANN, Essen
        Klaus WERNER, Konstanz
        Steffen WISCHMEYER, Hamburg

Auch den inzwischen aus dem Arbeitskreis ausgeschiedenen Mitgliedern sowie den Unternehmen, die durch die Mitwirkung ihrer Mitarbeiter die Bearbeitung dieses Prüfungsgebietes ermöglicht haben, gilt unser Dank.

Die nachfolgenden Ausführungen stellen den Kenntnisstand und die Erfahrungen der Arbeitsgruppenmitglieder zum Zeitpunkt der Veröffentlichung dar.

Frankfurt/Main, im Juli 2011

DIIR – DEUTSCHES INSTITUT FÜR INTERNE REVISION E.V.

    Dipl.-Kfm. Bernd Schartmann   Dr. Peter Dörfler
      (Sprecher des Vorstandes)   (Mitglied des Vorstandes)

Inhaltsverzeichnis

Vorwort		5
1	**Begriffsbestimmungen**	11
1.1	Investitionsarten	11
	1.1.1 Neuinvestitionen	11
	1.1.2 Ersatzinvestitionen	12
	1.1.3 Erweiterungsinvestitionen	12
	1.1.4 Rationalisierungsinvestitionen	12
1.2	Phasen eines Investitionsvorhabens	12
2	**Projektvorstudie (Vorplanung)**	15
2.1	Bedarfsanalyse	15
2.2	Machbarkeitsstudie	16
2.3	Standortüberlegungen	16
	2.3.1 Infrastruktur und Verkehrsanbindung (Logistik)	16
	2.3.2 Geographie/Umwelt	17
	2.3.3 Demographische Daten	17
	2.3.4 Subventionen	18
	2.3.5 Politisches, gesetzliches und gesellschaftliches Umfeld	18
	2.3.6 Währungschancen und -risiken	19
3	**Investitionsentscheidung**	21
3.1	Entscheidungsfindung	21
3.2	Alternativenbetrachtung („Make or Buy"-Analysen)	21
3.3	Ermittlung der Wirtschaftlichkeit, Höhe der Lebenszykluskosten	22
3.4	Entscheidungssicherheit	26
3.5	Finanzierung	27
	3.5.1 Finanzierungsvergleich	27
	3.5.2 Leasing	28
3.6	Interne Projektgenehmigung und Investitionsbewilligung	30
3.7	Budgetierung	30
4	**Planung und Beschaffung**	31
4.1	Projektmanagement	31
4.2	Ausführungs-/Detailplanung	31
	4.2.1 Grundsätzliches	31
	4.2.2 Standardisierung/Standards	32
4.3	Beschaffung	32
	4.3.1 Angebotseinholung	32
	4.3.2 Bieterkreisfestlegung	33
	4.3.3 Angebotsaufforderungen/Ausschreibungen	34
	4.3.4 Angebotseingang und -öffnung	35

Inhaltsverzeichnis

		4.3.5	Angebotsvergleich	36
		4.3.6	Vergabeverhandlungen	38
		4.3.7	Vergabe/Bestellung	38
	4.4	Vertragsarten		39
		4.4.1	Einheitspreisvertrag	39
		4.4.2	Pauschalvertrag	39
		4.4.3	Garantierter Maximalpreis-Vertrag (GMP-Vertrag)	40
		4.4.4	Generalunternehmer-Vertrag (GU-Vertrag)	40
		4.4.5	Generalübernehmer-Vertrag (GÜ-Vertrag)	40
		4.4.6	Weitere Vertragsarten	41
5	**Realisierung**			**43**
	5.1	Überwachung von Terminen, Qualität, Kosten		43
		5.1.1	Termine	43
		5.1.2	Qualität	44
		5.1.3	Zahlungspläne	44
		5.1.4	Bauplanmanagement	45
	5.2	Budget-/Projektkostencontrolling		45
	5.3	Änderungs-/Nachtragsmanagement		46
6	**Abrechnung**			**49**
	6.1	Fachliche Leistungsanerkennung		49
	6.2	Rechnungsprüfung		49
	6.3	Zahlungsausgang		51
	6.4	Rückforderungsverhandlungen		51
7	**Abnahme und Gewährleistungsabwicklung**			**53**
	7.1	Abnahme		53
		7.1.1	Abnahmetermin	53
		7.1.2	Abnahmeprotokoll	54
		7.1.3	Ersatzvornahmen	54
	7.2	Sicherheiten und Sicherheitseinbehalte		55
		7.2.1	Sicherheitseinbehalte	55
		7.2.2	Bürgschaften	56
	7.3	Betriebsgenehmigungen/Inbetriebnahme		56
	7.4	Gewährleistungsüberwachung/Überwachung der Mängelansprüche		57
		7.4.1	Organisation, Aufgabenumfang	57
		7.4.2	Objektdaten – statistische Auswertungen	58
		7.4.3	Hilfsmittel und Systemeinsatz	58
8	**Projektreview/Projektabschluss**			**59**
	8.1	Umsetzung der Projektvorgaben		59
	8.2	Nachkalkulation und Ermittlung von Kennzahlen		59
	8.3	Projektabschlussbericht		60
	8.4	Projektdokumentation und Ablage		60

9	**Anlagenbuchhaltung**...........................	61
9.1	Organisation	61
9.2	Funktionstrennung	61
9.3	Stammdatenverwaltung	62
9.4	Investitionsanträge	62
9.5	Anlagenzugänge...............................	62
9.6	Anlagen im Bau................................	63
9.7	Abschreibungen	63
9.8	Anlagenabgänge...............................	64
9.9	Inventur von Anlagen	64

Anhang 1:	Abkürzungsverzeichnis	65
Anhang 2:	Formular „Abnahmeprotokoll"	66
Anhang 3:	Formular „Änderungsantrag"	67
Anhang 4:	Finanzierungsalternativen Miete, Pacht und Leasing ...	68

1 Begriffsbestimmungen

Unter Investition versteht man die Bindung finanzieller Mittel in ein Objekt/Projekt, mit dem Ziel hieraus zukünftig Einnahmen zu erwirtschaften. In der Regel sollen die Einnahmen die eingesetzten Mittel (Anfangs- und laufende Ausgaben) übersteigen.

Man unterscheidet zwischen Sachinvestitionen (z. B. Gebäude), Finanzinvestitionen (Unternehmensbeteiligung, Wertpapiere etc.) und immateriellen Investitionen (Konzessions-, Lizenzerwerb, Forschung & Entwicklung etc.).

Der vorliegende Prüfungsleitfaden beschränkt sich auf die Behandlung von Sachinvestitionen.

Sachinvestitionen sind Vorhaben des Unternehmens, die auf die Herstellung oder den Erwerb von Anlagegütern (Sachanlagen) ausgerichtet sind. Insbesondere fallen hierunter:

- Der Erwerb von Grundstücken
- Die Errichtung von Gebäuden und Außenanlagen
- Die Schaffung von Technischen Anlagen und Maschinen
- Die Beschaffung von Betriebs- und Geschäftsausstattung (z. B. Möbel)
- Die Ausführung von Eigenleistungen an den oben beschriebenen Objekten (einschl. Generalüberholungen).

Zu den Sachinvestitionen gehören auch Leasing-Vorhaben mit Investitionscharakter, beispielsweise „operate" und „finance lease".

Hinsichtlich der Investitionsarten wird in Neu-, Ersatz- sowie Erweiterungs- und Rationalisierungsinvestitionen unterschieden.

1.1 Investitionsarten

1.1.1 Neuinvestitionen

Unter Neuinvestitionen versteht man die Beschaffung bisher nicht vorhandener Objekte.

Beispiele:

- Neues Werk zur Herstellung eines (neuen) Produktes
- Erstellung eines zusätzlichen Parkplatzes.

Begriffsbestimmungen

1.1.2 Ersatzinvestitionen

Unter Ersatzinvestitionen versteht man die Substitution bestehender Objekte.

Beispiele:

- ▶ Ersatz einer abgeschriebenen oder defekten Maschine
- ▶ Austausch einer veralteten Heizungsanlage gegen eine modernisierte Anlage mit einem Zusatznutzen.

1.1.3 Erweiterungsinvestitionen

Unter Erweiterungsinvestitionen versteht man den Ausbau oder die Vergrößerung vorhandener Objekte.

Beispiele:

- ▶ Anbau an ein Firmengebäude
- ▶ Verdopplung einer Produktionsstraße.

1.1.4 Rationalisierungsinvestitionen

Unter Rationalisierungsinvestition versteht man eine Investition, die bewirkt, dass eine bestimmte Produktions- bzw. Leistungsmenge (Output) mit geringerem Einsatz (Input) erbracht werden kann.

Beispiele:

- ▶ Ersatz einer manuellen Produktionsstraße durch eine Roboterlinie
- ▶ Beschaffung eines wissensbasierten IT-Programms zur Vorselektierung von Kundenanfragen.

1.2 Phasen eines Investitionsvorhabens

Investitionsvorhaben gliedern sich im Regelfall in die folgenden Schritte, die nicht durchgehend sequentiell sondern teilweise parallel ablaufen:

- ▶ Projektvorstudie (Vorplanung)
- ▶ Investitionsentscheidung
- ▶ Planung und Beschaffung
- ▶ Realisierung

- Abrechnung
- Abnahme und Gewährleistungsabwicklung
- Projektreview/Projektabschluss
- Anlagenbuchhaltung.

Auf den Sonderfall der Desinvestition, d.h. die Freisetzung von Kapital im Unternehmen durch den (vorgezogenen) Verkauf von Vermögensgegenständen, wird nicht weiter eingegangen. Die Desinvestition stellt aufgrund der Kapitalfreisetzung früher investierter Mittel den Gegensatz zur Investition dar und ist eine Form der Innenfinanzierung.

2 Projektvorstudie (Vorplanung)

Neben einer neuen Idee zur Produktentwicklung oder Prozessoptimierung kommen auch neue gesetzliche oder technische Anforderungen als Auslöser einer Investition in Frage.

In diesem Zusammenhang ergeben sich folgende grundsätzliche Fragestellungen:

▶ Welches Ziel soll erreicht werden?
▶ Sind Erfolgsindikatoren festgelegt?
▶ Wer hat die Projektvorstudie in Auftrag gegeben und genehmigt?
▶ Welche Mittel wurden für die Studie bereitgestellt und liegen entsprechende Verwendungsnachweise vor?
▶ Wer war an dieser Studie beteiligt (intern, extern)?
▶ Welche grundsätzlichen Vorgaben (z. B. „Low Budget" oder „Design to Cost") und Standards (z. B. „Corporate Design") sollten berücksichtigt werden?
▶ Welche Ergebnisse liegen vor?
▶ Gab es einen qualifizierten Abschluss bzw. ist die Entscheidung nachvollziehbar dokumentiert?
▶ Ist ein(e) Projektmanagement-Methodik/Standard, z. B. Pmbok, PRINCE2, eingeführt bzw. wurde gemäß dieser vorgegangen?

2.1 Bedarfsanalyse

Die Bedarfsanalyse dient der Ermittlung des konkreten Bedarfs bzw. der Notwendigkeit der Investition.

▶ Welche Annahmen lagen der Bedarfsanalyse zugrunde (Marktentwicklung, Prognosen, langfristige Unternehmensplanung)?
▶ Wurde eine Marktanalyse (= Analyse der Bedarfe externer Kunden) durchgeführt und zu welchem Ergebnis kam diese?
▶ Wie wurde insbesondere die Wettbewerbssituation bezüglich des Absatzmarktes (z. B. Überangebot) bewertet?

2.2 Machbarkeitsstudie

Als Bestandteil der Projektvorstudie muss im Rahmen einer Machbarkeitsstudie eine Abschätzung der technischen und finanziellen Risiken erfolgen. Dazu ist es in der Regel notwendig, mehrere Alternativen zur Umsetzung zu betrachten.

- Welche grundsätzlichen Erfordernisse (z. B. Transportmöglichkeiten, günstige Arbeitskräfte) lagen der Machbarkeitsstudie zu Grunde?
- Sind die Alternativen in einer Weise dargestellt, die eine objektive Vergleichbarkeit (z. B. durch eine Scoringtabelle) gewährleistet?
- Sind alle wesentlichen Parameter in der Scoringtabelle einheitlich abgebildet und ist die Gewichtung nachvollziehbar?

2.3 Standortüberlegungen

Die Festlegung des Standortes ist einer der wesentlichen Erfolgsfaktoren für die Rentabilität einer Investition. Dabei sind u. a. Themen wie Infrastruktur, Geographie, demographische Daten, mögliche Subventionen, politisches und gesellschaftliches Umfeld sowie Währungsaspekte zu berücksichtigen.

2.3.1 Infrastruktur und Verkehrsanbindung (Logistik)

- Wurde das Investitionsvorhaben an einem bestehenden oder einem neuen Standort getätigt? Welche infrastrukturellen oder logistischen Gründe sprachen für bzw. gegen den gewählten Standort?
- Welche Medien sind für das Betreiben des Investitionsprojektes notwendig (z. B. Strom, Wasser, Abwasser, Gas, Datenleitungen, Pressluft)?
- War die Nähe des Beschaffungs- bzw. Absatzmarktes für die Standortwahl ausschlaggebend (z. B. Rohstoffe, Halb- u. Fertigwaren)?
- Welche logistischen (verkehrstechnischen) Anforderungen für den An- und Abtransport der Rohmaterialien, Produkte sowie Entsorgung von Reststoffen/Abfällen wurden gestellt (Wasserwege und Häfen, Straßen- und Schienennetz, Flughafen)?
- Wie wurde das soziale Umfeld für die Mitarbeiter berücksichtigt (Wohnraum, Einkaufsmöglichkeiten, Schulen etc.)?
- Wurden notwendige Infrastruktur- und Logistikkosten (z. B. Anschaffungs-, Anschlusskosten und laufende Betriebskosten) berücksichtigt und nachvollziehbar angemessen bewertet?

2.3.2 Geographie/Umwelt

▶ War das Gelände grundsätzlich für das Investitionsvorhaben geeignet (z. B. hinsichtlich Neigung, Bodenbeschaffenheit, Einflugschneise)?

▶ Welche Einflüsse von außen/Dritten auf die geplante Investition wurden berücksichtigt (z. B. Lärm, Erschütterungen)?

▶ Welche aktuellen und möglichen zukünftigen Einwirkungen nach außen und auf Dritte wurden einbezogen (z. B. Emissionen)?

▶ Wurde ein Bodengutachten eingeholt und sind die Ergebnisse in die Bewertung der Investitionsentscheidung eingeflossen?

▶ Ist das Bodengutachten insbesondere aussagefähig bezüglich einer möglichen Bodenbelastung (Aufwand für Dekontamination) und ausreichender Tragfähigkeit (Aufwand für Gründung)?

▶ Bestehen grundsätzlich Expansionsmöglichkeiten bzw. Raum für die Ansiedlung von Zulieferern (Nachbarbebauung)?

▶ Welche klimatischen, geologischen und ökologischen Besonderheiten liegen vor und wurden diese in der Planung bewertet (z. B. Wind und Schnee, Erdbebengefahr, Ausgleichsmaßnahmen hinsichtlich Natur- und Umweltschutz)?

2.3.3 Demographische Daten

Für die Planung eines Investitionsstandortes ist es erforderlich, auch demographische Daten und deren wirtschaftliche Auswirkungen auf die geplante Investition zu analysieren. Dies gilt sowohl für aktuelle Rahmenbedingungen wie auch für zukünftige Entwicklungen.

▶ Wie wurde der Arbeitsmarkt am geplanten Standort hinsichtlich der nachfolgend aufgeführten Bedingungen für die Bauphase und für den späteren operativen Betrieb analysiert und bewertet:

▷ Fachliche Qualifikationen

▷ Verfügbarkeit

▷ Personalkosten

▷ Sprache

▷ Kultur, Religion

▷ Altersstruktur?

▶ Welche Absatzmärkte waren ausschlaggebend für die Auswahl des Standortes (z. B. Konsumverhalten und Entwicklung der Bevölkerungszusammensetzung)?

Projektvorstudie (Vorplanung)

2.3.4 Subventionen

▶ Welche lokalen, regionalen, nationalen und internationalen Förderungsmöglichkeiten (z. B. Zuschüsse, Steuerminderung/-befreiung, Bereitstellung von Grundstücken, Energie, Infrastruktur etc.) bestehen und wurden diese berücksichtigt?

▶ Gibt es besondere Förderungsprogramme, z. B. für neue Technologien? Wurde dies vertraglich festgehalten?

▶ Wurden Subventionsanträge rechtzeitig (z. B. vor Baubeginn) gestellt?

▶ Wurden die mit der Inanspruchnahme der Förderungen einhergehenden Verpflichtungen ebenfalls ausreichend bewertet?

▶ Welche Risiken bestehen hinsichtlich der Einhaltung der Verpflichtung bzw. Kürzung oder Streichung der Förderungen und existieren Strategien zur entsprechenden Kompensation?

2.3.5 Politisches, gesetzliches und gesellschaftliches Umfeld

Unabdingbare Voraussetzung für eine langfristig gesicherte Investition ist ein nachhaltig stabiles politisches und wirtschaftliches System. Dazu gehört auch die rechtzeitige Einbindung der öffentlichen Träger sowie der betroffenen Anwohner.

▶ Welche Gutachten bzw. Expertenmeinungen zur politischen Situation bzw. zur möglichen Entwicklung am geplanten Standort wurden eingeholt? Wurden Aussagen zur allgemeinen Rechtssicherheit getroffen und besondere Aspekte wie bspw. Korruption und Kriminalität untersucht?

▶ Welche Organisationsformen der Arbeitnehmer (z. B. Gewerkschaften) und Arbeitgeber (z. B. Wirtschaftsverbände) bestehen?

▶ Mit welchem Ergebnis wurde die Stabilität (politisch, wirtschaftlich, gesellschaftlich) untersucht?

▶ Ist die Durchführung der Investition gemäß Planung genehmigungsfähig gegenüber gesetzlichen bzw. behördlichen Restriktionen (u. a. auch Umweltschutzauflagen)?

▶ Besteht ein Baurecht (z. B. Bebauungsplan, Flächennutzungsplan, Bauvorschriften)? Welche sonstigen landestypischen Vorschriften bestehen und wurden diese beachtet?

▶ Wie wurden Optionen zur möglichen Expansion mittel- bis langfristig rechtlich abgesichert?

2.3.6 Währungschancen und -risiken

Währungschancen und –risiken bei Investitionen resultieren daraus, dass ein Geschäft in fremder Währung abgewickelt wird und sich dabei Forderungen und Verbindlichkeiten durch Wechselkursänderungen in Bezug auf die eigene Währung verändern können.

▶ Wie sieht die Unternehmensstrategie bezüglich Währungssicherung aus und wurden die entsprechenden Regelungen berücksichtigt?

▶ Hat der Einkauf vor Abschlüssen in Fremdwährungen das Finanz- und Rechnungswesen zeitnah informiert, damit dieses die angemessenen Maßnahmen zur Währungskurssicherung rechtzeitig ergreifen kann?

▶ Wurde das Währungsrisiko durch Kurssicherungsklauseln, Devisentermingeschäfte o.ä. minimiert bzw. ausgeschaltet?

▶ Fand ein dauerhafter Informationsaustausch zwischen Einkauf und Finanz- und Rechnungswesen statt, um Währungschancen durch die Verrechnung von Forderungen und Verbindlichkeiten zu realisieren?

▶ Wurden Fremdwährungsverbindlichkeiten mit dem richtigen Umrechnungskurs gemäß den Vorgaben angesetzt? Im Rahmen der Budgetierung sollte ein realistischer Plankurs und für die Abrechnung bzw. Nachrechnung der am Tage der Zahlung gültige Wechselkurs angesetzt werden.

▶ Wurden die Budgetgrenzen und Genehmigungsstufen in der eigenen oder der Fremdwährung festgelegt?

3 Investitionsentscheidung

3.1 Entscheidungsfindung

Investitionsentscheidungen sind Entscheidungen für die Zukunft. Sie müssen in der Gegenwart getroffen werden, ohne dass für die Zukunft absolut sichere, beweisbare Gegebenheiten unterstellt werden können. Basis der Investitionsentscheidungen sollten stets nachvollziehbare Investitionsrechnungen sein, die trotz der genannten Unsicherheiten fundierte Aussagen für die betreffenden Projektbeurteilungen bieten.

- ▶ Welche Ziele werden mit der Investition verfolgt (Rendite bzw. Wertbeitrag, Imagegewinn, Marktpräsenz etc.)?
- ▶ Falls monetäre Ziele verfolgt werden, genügen die angestrebten Zielgrößen den internen Anforderungen?
- ▶ Gibt es eine Investitionsrichtlinie? Ist darin insbesondere der Genehmigungsprozess beschrieben? Entspricht die Richtlinie noch der Satzung bzw. der Geschäftsordnung und sonstigen Bestimmungen, wie EU-Vorschriften (z. B. neue Gefahrstoffverordnung mit geänderter Gefährdungsbeurteilung)?
- ▶ Welche Mindestanforderungen sind in der Richtlinie definiert und wie aktuell sind diese?
- ▶ Werden alle Investitionsvorhaben gemäß dieser Richtlinie durchgeführt?
- ▶ Liegt ein Investitionsprogramm (Langzeitplanung) vor und wie ist es strukturiert? In welchem Umfang und in welcher Qualität sind darin die Investitionen aufgeführt und gegebenenfalls Gegenstand einer SWOT Analyse (Analyse der Stärken, Schwächen, Chancen und Risiken) und der Unternehmensstrategie?
- ▶ Wo ist die Investition im Portfolio des Unternehmens angesiedelt?
- ▶ Ist die Investitionsplanung in die Liquiditätsplanung eingeflossen?

3.2 Alternativenbetrachtung („Make or Buy"-Analysen)

Investitionen sollten nur für Vorhaben erfolgen, die der Unternehmensstrategie folgen. Die Festlegung, was zum Kerngeschäft des Unternehmens gehört, hat regelmäßig in strategischen Untersuchungen stattzufinden. Dazu gehört die generelle Festlegung, welche Produkte und Dienstleistungen in welcher „Fertigungstiefe" intern erbracht oder von extern bezogen werden. Auch administrative Tätigkeiten wie z. B. Rechnungsprüfung, Gehaltsabrechnung etc. sind in die Untersuchungen einzubeziehen. Grundsätzliche Fragen dazu sind:

- ▶ Wann zuletzt wurde eine Analyse zur Kerneigenleistung unternehmensweit durchgeführt?
- ▶ In welcher Form (wie detailliert) wurden die Ergebnisse dem Vorstand/der Geschäftsführung zur Genehmigung vorgelegt?
- ▶ Welche kurz-, mittel- und langfristigen Pläne gibt es, die Leistungsstruktur des Unternehmens in die gewünschte Form zu bringen? Sind die dafür notwendigen Mittel bereits grob abgeschätzt und in eine langfristige Investitionsplanung eingestellt?

Für einzelne Investitionsvorhaben sind die folgenden Fragen relevant:

- ▶ Erfolgen vor der Planung bzw. Beantragung von Investitionen sog. „Make or Buy"-Analysen (Bezugsartenanalysen), die sich an der Kerneigenleistungsstrategie des Unternehmens orientieren?
- ▶ Existiert ein geeignetes Standardtool zur Berechnung, Bewertung und Analyse der Alternativen? Welche Parameter wurden zugrunde gelegt und sind diese plausibel?
- ▶ Sind die Alternativen in einer Weise dargestellt, die eine objektive Vergleichbarkeit (Voll-/Teilkosten) gewährleistet?
- ▶ Gibt es ein Entscheidungsgremium, welches die Bezugsart festlegt?
- ▶ Wer ist Teilnehmer im Gremium? Sind für die Entscheidungsfindung wesentliche Unternehmensfunktionen wie z.B. Technikbereiche, Personalwesen, Einkauf und Unternehmensplanung integriert?
- ▶ Wie werden Investitionsentscheidungen dokumentiert, die nicht der festgelegten Kerneigenleistungsstrategie entsprechen? Sind die Argumente nachvollziehbar (z.B. zielwertüberschreitende Rendite, Erhalt der Beurteilungsfähigkeit, Einwände des Betriebsrats etc.)?

3.3 Ermittlung der Wirtschaftlichkeit, Höhe der Lebenszykluskosten

Mit der Entscheidung zur Durchführung einer Investitionsmaßnahme sind zwangsläufig auch laufende Aufwendungen bzw. aus dem Betreiben/der Nutzung der Investition sich ergebende Folgekosten verbunden.

Beispielsweise können sich die Lebenszykluskosten eines Bürogebäudes am Ende seiner Lebensdauer bis auf den 5-fachen Wert des ursprünglichen Investitionsvolumens (Nominalwerte) summieren:

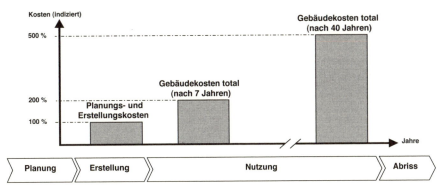

Um nun eine fundierte Entscheidung über die Durchführung eines Projektes, dessen Gestaltung und der damit verbundenen späteren Aufwände treffen zu können, ist eine aussagekräftige Wirtschaftlichkeitsrechnung notwendig. Vor dem Hintergrund der meist unterschätzten Höhe der Folgekosten über die Lebensdauer kommt einer vollständigen Berücksichtigung der wesentlichen Kosten in diesen Wirtschaftlichkeitsaussagen eine erhöhte Bedeutung zu.

In der Regel werden zwei Verfahren zur Berechnung der Wirtschaftlichkeit eingesetzt:

▶ Statische Investitionsrechnung

▶ Dynamische Investitionsrechnung (z. B. Discounted Cash Flow (DCF)).

Der wesentliche Unterschied der beiden Methoden liegt in der unterschiedlichen Gewichtung zukünftiger Zahlungsströme. Während sich bei der statischen Methode der Wert einer Zahlung im Zeitverlauf nicht verändert, berücksichtigt die dynamische Methode, dass sich der Wert (Barwert) einer zukünftigen Zahlung verringert. Das heißt, eine heutige Zahlung von 100 Euro ist mehr wert als die gleiche Zahlung in 3 Jahren.

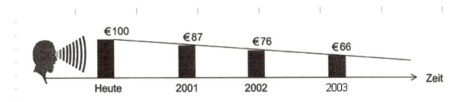

Investitionsentscheidung

Entscheidend für den Wertverlust ist der sogenannte Abzinsungsfaktor. Dieser bestimmt sich aus dem Diskontierungszinssatz sowie der Anzahl der abzuzinsenden Perioden. Die Wahl des Diskontierungszinssatzes wird von verschiedenen Komponenten wie Inflationsrate, erwartete Mindestrendite des Unternehmens, Kapitalmarktzins, unternehmerisches Risiko etc. beeinflusst. In unserem Beispiel sind dies 15% (100 Euro / 1,15 = 87 Euro usw.).

Aufgrund der unterschiedlichen Methodik ergeben sich unterschiedliche Ergebnisse für Investitionsprojekte.

Beispiel:

Eine Investition wird in Höhe von 1200 Euro getätigt und in den kommenden 3 Jahren wird ein jährlicher Cash Flow von 500 Euro erwartet. In der Summenspalte ergibt sich das Ergebnis der Zahlungsreihe zum Zeitpunkt der Investition.

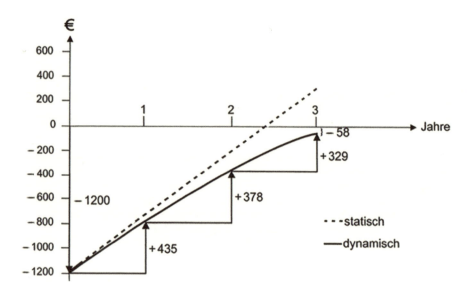

Mit diesem Beispiel wird deutlich, dass ein Projekt nach der statischen Methode einen Gewinn erzielt, jedoch unter Verwendung der dynamischen Methode die Gewinnzone nicht erreicht.

Da die dynamische Investitionsrechnung die Realität in der Regel besser abbildet, wird diese Methode von den meisten Unternehmen genutzt.

Fragestellungen zum grundsätzlichen Verfahren sind wie folgt:

▶ Welche Verfahren/Methoden werden zur Ermittlung der Wirtschaftlichkeit angewendet?

▶ Wird die Wirtschaftlichkeitsrechnung nominal oder real durchgeführt (Inflation berücksichtigt)?

▶ Wie wurde sichergestellt, dass die Vor- und Nachteile der Methode (z.B. statisch anstatt dynamisch) gegeneinander abgewogen wurden?

▶ Welche einheitlichen Betrachtungszeiträume (i.d.R. Nutzungsdauern) sind für die unterschiedlichen Investitionsarten vorgegeben?

▶ Wie wird der zukünftige Verlauf der Kosten und sonstiger Annahmen (Marktentwicklung, Absatzprognosen, Abnahmeverpflichtungen, Materialpreisentwicklung, Lohnentwicklung, Unternehmensentwicklung, Anlagenkapazität) prognostiziert (Angebotseinholungen, Schätzungen, Erfahrungswerte)? Wie realistisch (zeitnah) sind diese Ansätze (konservativ, optimistisch, spekulativ)?

▶ Welche Kosten (insbesondere Fertigungsgemeinkosten) wurden bei Eigenleistungsumfängen berücksichtigt; entsprechen sie den steuerlichen Vorgaben und Möglichkeiten?

▶ Werden die gesetzlichen Vorschriften (Bilanzierungsvorgaben) und die internen Vorgaben bei der Ermittlung der Abschreibungs- und Restwerte berücksichtigt?

▶ Wie werden Aspekte zum technischem Fortschritt bzw. technologischer Überalterung der herzustellenden Produkte berücksichtigt?

▶ Welche Regeln gelten für die Berücksichtigung von Währungsrisiken? Bei welchen Investitionsvorhaben muss die Treasury-Abteilung informiert und am Projekt beteiligt werden?

▶ Wie werden Steuern, Zölle und/oder Subventionen in der Wirtschaftlichkeitsrechnung (WiRe) berücksichtigt?

▶ Bei welchen Investitionsvorhaben muss die Steuer- bzw. Zollabteilung informiert und am Projekt beteiligt werden?

▶ Welche Eigenkapitalrendite erzielt das Unternehmen, wie ist die Zielvorgabe und wie wird diese bei den Investitionsvorhaben berücksichtigt?

▶ Wie hoch ist der Diskontierungszinssatz für die Kapitalwertermittlung (dynamische WiRe). Spiegelt der Diskontierungszinssatz die Kapitalkosten wieder?

Investitionsentscheidung

Bei der Prüfung einzelner Investitionsvorhaben sind folgende Fragestellungen zu beachten:

- Wurde die Wirtschaftlichkeitsrechnung manuell oder mit einem DV-Programm erstellt? Sind die verwendeten Formeln korrekt?
- Über welchen Zeitraum geht die Wirtschaftlichkeitsrechnung?
- Welche Kostenpositionen wurden für den Kapitaleinsatz (Anschaffungs- und Herstellkosten) angesetzt und sind diese realistisch und vollständig? Zum Kapitaleinsatz gehören u. a.:
  - Anlauf- und Anschaffungsnebenkosten (Transport, Aufstellkosten, Versicherung, Zubehör, Ersatzteilerstausrüstung etc.)
  - Immaterielle Vermögensgegenstände (Lizenzen, Patente, eigen- und fremderstellte Software etc.)
  - Finanzierungskosten (real oder kalkulatorisch)
  - Mieten, Pachten und Leasingkosten.
- Welche weiteren Life-Cycle- (z. B. Betriebskosten, Abbruch bzw. Entsorgung) bzw. unvorhergesehene Investitionsfolgekosten (z. B. Infrastrukturmaßnahmen) wurden in der WiRe angesetzt?
- Zu welchen Zeitpunkten gehen Investitionen für Sondermaßnahmen in die WiRe ein und um welche handelt es sich dabei (z. B. Dacherneuerung bei Gebäuden, Generalüberholungen bei Maschinen)?
- Welche Ertragspositionen wurden in der Wirtschaftlichkeitsrechnung angesetzt und wie realistisch sind diese?
- Für welchen Zeitpunkt im Lebenszyklus der Investition wurden welche Restwerte angesetzt und wie realistisch ist der Ansatz dieser Restwerte?
- Wurde bei vermieteten Immobilien zwischen Modernisierungs- und Instandhaltungsmaßnahmen unterschieden und wurden die daraus folgenden Umlagemöglichkeiten (Mieterhöhung) berücksichtigt?

3.4 Entscheidungssicherheit

- Mit welchen Größen und mit welchen Prozentsätzen wurden die Alternativbetrachtungen bzw. die Sensitivitätsanalysen durchgeführt, um die Unsicherheit der in die Rechnung eingehenden Projektdaten einzugrenzen?
- Welche Anforderungen stellt die Investitionsrichtlinie an die Sensitivitätsanalyse, und wie werden diese umgesetzt?
- Welche Größen (Amortisation, Rendite etc.) stehen bei der Beurteilung des Investitionsvorhabens im Vordergrund und wie wird die Entscheidung begründet?

▶ Liegen alle notwendigen externen Genehmigungen vor (Baugenehmigung, Einfuhrgenehmigung etc.)? Können die ggfs. darin gestellten Auflagen erfüllt werden?

▶ Wurden alle ausstehenden Genehmigungen und gestellten Auflagen in die Risikobetrachtung mit einbezogen?

3.5 Finanzierung

Grundsätzlich bestehen die Möglichkeiten, das Investitionsobjekt als (zukünftiger) Eigentümer selbst zu finanzieren (Einsatz von Eigenmitteln für die Erstellung bzw. Kauf eines bestehenden Objektes oder Aufnahme von Fremdmittel). Darüber hinaus besteht die Möglichkeit, ein Objekt von einem Dritten zu pachten, zu mieten oder zu leasen, im Folgenden als Investorenmodell bezeichnet. Die Unterschiede zwischen Miete, Pacht und Leasing werden im Anhang 4 näher erläutert.

3.5.1 Finanzierungsvergleich

▶ Auf welcher Basis (bspw. Kapitalwerte) erfolgte der Vergleich der Finanzierungsalternativen? Welche internen Regeln gibt es hierzu und welche Fachstellen sind zu involvieren?

▶ Welche finanzwirtschaftlichen Kenngrößen – bspw. Anschaffungswerte, Miet-/Leasingzahlungen, Restwerte, Nutzungsdauer, Diskontierungszinssätze, Abwicklungs- oder Desinvestitionskosten (Rückzahlung Subventionen) etc. – fanden direkten Eingang in die verwendete Investitionsrechnung?

▶ Welche Kriterien (Fungibilität, besondere vertragliche Vereinbarungen z. B. Teilübernahme von Life-Cycle-Kosten etc.) wurden indirekt – bspw. über Portfolio-Analysen – berücksichtigt? (Erläuterung Fungibilität: Mit der Fungibilität einer Kapitalanlage wird umschrieben, wie leicht man eine Form der Investition in eine andere umwandeln kann).

▶ Wie wurde die Fungibilität der Investition (Verwendbarkeit durch Dritte) im Finanzierungsvergleich berücksichtigt?

▶ Wie wurden die Vorteile bei Nutzung als Eigentümer (bspw. hinsichtlich späterer Änderungen, Umbauten etc.) berücksichtigt?

▶ Wie plausibel ist der Ansatz der Kenngrößen, insbesondere der Restwerte und der Diskontierungszinssätze bei dynamischen Investitionsrechnungen bei den unterschiedlichen Finanzierungsalternativen?

▶ Wie wurde der Fremdkapitalzinssatz (als mögliche Basis der Diskontierungssätze) ermittelt? Welche Angebote des Kapitalmarkts wurden berücksichtigt bzw. aktuell eingeholt?

Investitionsentscheidung

▶ Wie wurden die Finanzierungskenngrößen (Miet-/Leasing-/Pacht-Zahlungen) ggf. auch kalkulatorisch ermittelt? Lagen bereits tatsächliche Angebote vor oder wurde mit Mietspiegeln/Benchmarks etc. gearbeitet?

▶ Auf welchen Grundlagen basierten – im Falle eines Investorenmodells – diese Angebote (Kostenschätzung auf Grundlage der Baubeschreibung durch den Investor oder Wettbewerbsangebote)? Entsprechen die in die Eigenfinanzierung eingehenden Investitionskosten (bspw. Baukosten) in etwa den Kosten, die ein Dritter hat und auf die Miete/Leasing-Zahlungen umlegt?

▶ Wie erfolgte die Berücksichtigung der Risikoverteilung (Eigentümer trägt höheres Risiko als Besitzer) bei den unterschiedlichen Investitionsformen (Risiken: Untergang des Objekts, Leasingrate deckt Projektkosten nicht ab, Insolvenz Leasinggeber, Abhängigkeit vom Leasinggeber bei Vertragsverlängerung, Weiternutzung/-verwendung nach Vertragsende von speziellen Projekten)?

3.5.2 Leasing

Zur Fremdfinanzierung von Investitionsvorhaben existieren unterschiedliche Modelle. Diese reichen von der Kreditaufnahme bis hin zur Begebung von Anleihen. Ein populäres Modell stellt Leasing dar, bei dem die Fremdfinanzierung sowohl juristisch als auch wirtschaftlich direkt mit dem Investitionsvorhaben verknüpft ist.

Zur Erreichung bestimmter Off-Balance-Effekte (Vermeidung der Aktivierungspflicht) bei Fremdfinanzierungslösungen ist bei einer Bilanzierung nach IAS darauf zu achten, dass wesentliche Chancen und Risiken an dem Mietobjekt an einen Dritten übertragen werden bzw. dort verbleiben. Dazu müssen im speziellen die folgenden Kriterien zutreffen:

▶ Liegen alle angesetzten Restwerte über der zulässigen Untergrenze (Restbuchwert nach IFRS – International Financial Reporting Standards)?

▶ Ist die Mietdauer kürzer als der überwiegende Teil (75%) der wirtschaftlichen Nutzungsdauer?

▶ Ist der Kapitalwert der Mietzahlungen wesentlich geringer als die Anschaffungskosten?

▶ Ist im Falle einer Kaufoption für den Mieter diese zu einem Preis vereinbart, der zum Zeitpunkt der Optionsausübung voraussichtlich auf oder über dem Marktwert liegt?

▶ Ist im Falle einer Mietverlängerungsoption für den Mieter diese zu einer Rate vereinbart, die zum Zeitpunkt der Optionsausübung voraussichtlich marktgerecht ist oder oberhalb des Marktüblichen liegt?

▶ Ist das Mietobjekt grundsätzlich auch an Dritte vermiet-/verleasebar? D.h., es darf aufgrund der Nutzungsmöglichkeiten des Objekts kein „Spezialleasing" vorliegen.

▶ Welche Vereinbarungen zur Übertragung der Eigentumsrechte am Leasinggegenstand zum Ende der Laufzeit wurden getroffen?

▶ Ist keine Klausel vereinbart, die vorsieht, dass der Vermieter/Leasinggeber den Schaden durch eine vorzeitige Kündigung auf den Mieter/Leasingnehmer abwälzen darf?

▶ Ist die Abbildung des Leasingverhältnisses in der Buchhaltung entsprechend der Eingruppierung in finance- und operate-lease korrekt erfolgt? Wurde beispielsweise beim Leasingnehmer eines finance-lease eine Aktivierung des Vermögensgegenstandes, eine Passivierung einer entsprechenden Verbindlichkeit sowie die Auflösung der beiden Positionen über Abschreibungen bzw. Zinsaufwand durchgeführt?

Hinweis

Die obigen Ausführungen beziehen sich auf den IFRS-Stand Mitte April 2011.

Zum Zeitpunkt der Drucklegung des Leitfadens wurde an einer Änderung der IFRS-Regeln gearbeitet. Voraussichtlich wird der geänderte Standard in 2011 verabschiedet.

Im Vorfeld gab es Kritikpunkte am aktuellen IAS 17 z.B. hinsichtlich der unzureichenden Abbildung von Vermögenswerten und Schulden bei Operating Lease (Off-Balance Bilanzierung). Das neue Konzept enthält eine Abkehr vom Chancen-Risiko-Ansatz und hin zur zukünftigen Anwendung des Nutzungsrechtsansatzes (Right-of-Use-Ansatz). U.a. wird es keine Unterscheidung zwischen operating lease und finance lease mehr geben.

Mögliche Folgen für den Leasingnehmer sind u.a.:

▶ Anstieg des Verschuldungsgrades und Rückgang der Eigenkapitalquote

▶ Erhöhung kurzfristiger Verbindlichkeiten, Verringerung der Liquiditätsgrößen

▶ Erhöhung der Anlagenintensität,

▶ ggfs. Ergebnisbelastung bei Wertminderung des Nutzungsrechts.

3.6 Interne Projektgenehmigung und Investitionsbewilligung

▶ Welche Genehmigungswege sind einzuhalten (Aufsichtsrat, Vorstand, Investitionsausschuss, Betriebsrat, Mitbestimmungsorgane)?
▶ Wo liegen die Wertgrenzen hinsichtlich Beantragung, Abwicklung, Genehmigung?
▶ Welche Informationen erhielten die Genehmigungsstellen zur Entscheidung (Projektvorstudie, Antrag zur Investitionsbewilligung, Wirtschaftlichkeitsbetrachtung, Alternativbetrachtungen etc.)?
▶ Wie vollständig bzw. aussagefähig waren diese Informationen?
▶ Welche monetär nicht quantifizierbaren Effekte wurden in den Entscheidungsvorlagen erfasst?
▶ Wann wurden diese dem Gremium vorgelegt und wann erfolgte der Beschluss? Warum fiel die Entscheidung für das Projekt/die Investition und wo ist diese dokumentiert?

3.7 Budgetierung

▶ Wie und durch wen wurde das Budget ermittelt? Liegt ein dokumentierter Budgetfindungsprozess vor?
▶ War der für die Projektumsetzung fachlich Verantwortliche in die Budgetfindung einbezogen?
▶ Wurde das Budget entsprechend den Unternehmensrichtlinien genehmigt und freigeben?
▶ Wurde das Budget unter Berücksichtigung der im Unternehmen vorgeschriebenen Kostenarten wie z.B. auch Planungs-, Verwaltungs-, Genehmigungs- und Finanzierungskosten aufgestellt?
▶ Sind die Budgetzahlen identisch mit den Daten der Wirtschaftlichkeitsberechnung?
▶ Wie detailliert wurde das Budget erstellt (eine Summe, Teilsumme z.B. gem. Kostengruppen [DIN 276])? Gibt es eine Budgetfestschreibung, z.B. je Gewerk oder Anlage? [DIN 276] Ist der Detaillierungsgrad ausreichend?

4 Planung und Beschaffung

Nachdem die Investitionsentscheidung gefallen ist, erfolgt die Ausplanung der technischen Anforderungen an das Objekt und die Beschaffung von Unterstützungsleistungen (Planung, Überwachung) sowie der eigentlichen Sachanlagen bzw. Dienstleistungen für das Investitionsvorhaben. Abhängig von der Größe des Vorhabens wird es nötig sein, für die Umsetzung eine dezidierte Projektorganisation zu etablieren.

4.1 Projektmanagement

Fragen zum Projektmanagement sind dem DIIR-Prüfungsleitfaden „Revision des Projektmanagements" (Band 33, 2002) zu entnehmen. Dieser gliedert sich in

- Einführung
- Projektfindung
- Projektorganisation
- Projektdefinition
- Projektplanung
- Projektausführung
- Projektabschluss
- Projektkoordination im Multiprojektmanagement.

4.2 Ausführungs-/Detailplanung

4.2.1 Grundsätzliches

- Waren die an der Vorplanung des Projekts beteiligten Fachstellen verantwortlich für die Detailplanung bzw. inwieweit wurden sie eingebunden?
- Wie gut war der Kontakt zwischen Planungsabteilungen und den späteren Betreibern (Nutznießern)?
- Besteht beim Investitionsvorhaben ein ausgeglichener Mix aus bewährten und neuen Technologien, Strukturen und Prozessabläufen?
- Sind die neuen Technologien tatsächlich „state of the art"; was ist bezüglich ihrer Folgekosten bekannt und wurden diese berücksichtigt?
- Wurden für besonders kritische Neulösungen sogenannte „fallback"-Szenarien entwickelt?

Planung und Beschaffung

- Worauf lassen sich größere Abweichungen zwischen den betriebswirtschaftlichen Kenngrößen von Vor- und Ausplanung zurückführen? Wurde im Vorfeld evtl. mit übertrieben optimistischen Annahmen gearbeitet, um das Projekt genehmigt zu bekommen?
- Inwieweit flossen sogenannte „Lessons learned" aus vorangegangenen, ähnlichen Projekten in die Ausführungsplanung ein?

4.2.2 Standardisierung/Standards

- Welche Standards (Gebäude[-module], technische Anlagen, IT etc.) wurden für die Planung des Investitionsvorhabens vorgegeben?
- Wer ist für die Vorgabe der Standards verantwortlich und wie detailliert sind die Vorgaben?
- Wie sind die Standards festgelegt worden (Hintergründe für die Vergabevorgabe)?
- Liegen entsprechende wirtschaftliche Modellrechnungen vor, die die Vorteile von Standardisierungen monetär bewerten (Skaleneffekte Einkauf, minimierte Ersatzteilbevorratung, verkürzte Beschaffungszeiten für Notfälle, einheitliches Training für Instandhaltungspersonal, flexible Einsatzstrategien bei minimierter Belegschaft etc.)?
- Wie sind diese Standards im Einkauf abgesichert (Rahmenverträge, Standardbestellkataloge etc.)?
- Wie ist sichergestellt, dass trotz Standardvorgaben keine Abhängigkeiten von einzelnen Lieferanten entstehen (Alternativteile, Zweilieferantenstrategie, Langzeitlieferverträge mit Preisbindungsklauseln etc.)?
- In welchen Zeitabständen und von wem werden die Standardvorgaben überprüft?

4.3 Beschaffung

4.3.1 Angebotseinholung

- Welche internen Vorgaben (Wertgrenzen, Genehmigungsstellen, Abläufe) existieren für den Prozess der Angebotseinholung?
- Sind diese vollständig (Abdeckung des gesamten Prozesses), zweckmäßig (z. B. Einhaltung der Funktionstrennung Einkauf und technischer Fachbereich) und wurden sie eingehalten?
- Welche Auflagen oder Vorschriften (Bsp. VOB A) waren mit der Investition verbunden? Wurden diese eingehalten?

- Welche Überlegungen zu alternativen Möglichkeiten der klassischen Angebotseinholung erfolgten im Vorfeld (bspw. Online-Auktionsformen, kommunizierte Vorgabe, dass ohne Nachverhandlung vergeben wird etc.)?
- Gab es bereits vor Beginn der Angebotseinholung (Planungsphase) Kontakte zu potentiellen Lieferanten? Wurden eventuelle Voranfragen beim Lieferanten durch die Fachabteilungen an den Einkauf gemeldet?

4.3.2 Bieterkreisfestlegung

- Wie ist das Verfahren zur Erstellung/Aktualisierung einer Bieterliste geregelt und wer nimmt daran teil?
- Wer legte den Bieterkreis, ggfs. aus einer vorhandenen Bieterliste, fest (Fachbereich, Einkauf, externe Vorgaben)?
- Wer hat diesen zu welchem Zeitpunkt genehmigt und wo ist dies dokumentiert?
- Wem war die Bieterkreis bekannt (Geheimhaltung)?
- Wurden bei der Bieterkreisfestlegung folgende wichtige Gesichtspunkte berücksichtigt:
  - Ausreichende Anzahl geeigneter Bieter im Hinblick auf Wettbewerbssituation
  - Berücksichtigung neuer Lieferanten
  - Kompetenz, Qualität und Ressourcen (mögliche Erfahrungen aus früheren Investitionsvorhaben, Referenzen, evtl. Voranfrage zu verfügbaren Kapazitäten)
  - Bonität und Ruf
  - Firmensitz (Nähe zum Ausführungsort, Gerichtstand)
  - Mögliche Verflechtungen mit anderen Bietern (Firmenbeteiligungen, Tochterunternehmen etc.)
  - Bestehende Geschäftsbeziehungen (Abnehmer eigener Produkte)?
- Wurden Interessenkonflikte infolge privater Beziehungen analysiert?
- Wie wurde eine Trennung zwischen Planung und Ausführung umgesetzt?

4.3.3 Angebotsaufforderungen/Ausschreibungen

Einer wettbewerbsgerechten, ausreichend detaillierten und idealerweise produktneutralen Ausschreibung kommt besondere Bedeutung im Hinblick auf die Vermeidung von Lieferantenabsprachen, eines hohen Abstimmungs-/Klärungsaufwands zur Erreichung der Vergleichbarkeit und von Nachtragsforderungen zu.

- ▶ Aus welchen Komponenten bestanden die Ausschreibungsunterlagen?
- ▶ Wer hat die Ausschreibungsunterlagen erstellt und entsprachen diese den tatsächlichen Gegebenheiten?
- ▶ Waren diese formal, technisch, kaufmännisch sowie rechtlich korrekt und vollständig?
- ▶ Waren die Angebotsunterlagen anonymisiert? Wer war Ansprechpartner für Rückfragen?
- ▶ Wie ist die Rangfolge der Vertragsbestandteile festgelegt (AGB, Leistungsverzeichnis [LV], Betriebsmittelvorschriften, Geheimhaltungsvorgaben etc.)?
- ▶ Existieren Widersprüche oder Redundanzen zwischen den einzelnen Vertragsbestandteilen (z. B. AGB zu Zusätzlichen Technischen Vertragsbedingungen)?
- ▶ Wird der Anbieter explizit zur Meldung von Fehlern in den Angebotsunterlagen aufgefordert (z. B. technische Nichtmachbarkeit, Widersprüche)?
- ▶ Wie wurde die Vergleichbarkeit der Angebote sichergestellt (Eindeutigkeit, Vollständigkeit, Detaillierungsgrad der Unterlagen, Abgabe von Ausführungstermin- und Zahlungsplänen)?
- ▶ Welche Vorgaben zur einfacheren Angebotsvergleichbarkeit wurden gemacht (DV-Datenformat, Verwendung der eigenen LVs, Angaben zur Anzahl von Eventual- oder Alternativpositionen etc.)?
- ▶ Wie wurde eine produktneutrale Ausschreibung sichergestellt (Angabe „Produkt A, Produkt B oder dergleichen", sofern nicht z. B. eine Bauteilstandardisierung zur Instandhaltungsoptimierung ausdrücklich gewünscht war)? Ist die Produktneutralität objektiv vorhanden oder möglicherweise durch Vorgabe von Kenngrößen, die nur ein Anbieter erfüllen kann, eingeschränkt?
- ▶ Wie wurde der Angebotsabgabetermin gesetzt (ausreichende Zeit zur Angebotsbearbeitung)?
- ▶ Welcher Abgabeort (Einkauf, Fachbereich) wurde festgelegt?
- ▶ Welche Bindefrist wurde angegeben?
- ▶ War aus der Angebotsaufforderung erkennbar, dass das Angebot unentgeltlich zu erfolgen hat?

▶ Wurden Neben- oder Alternativangebote ausdrücklich zugelassen bzw. angefordert? Was waren die Gründe hierfür?

▶ Welche Informationen zu den Investitionsfolgekosten (z. B. Betriebskosten, Wartung, Instandhaltung etc.) wurden von den Bietern angefordert? Reichen diese aus?

▶ Auf welcher Basis (Vorgaben der Instandhaltungsabteilung o.ä.) wurden Ersatzteillisten angefordert?

▶ In welchem Umfang und in welcher Art (fester Bestandteil des Hauptangebotes, Nebenangebot, Eventualleistung) wurden zukünftige Wartungs- und Instandhaltungsleistungen bereits in der Ausschreibung berücksichtigt?

▶ Wie erfolgte der Versand der Ausschreibungsunterlagen (in Papierform oder elektronisch [Manipulationsmöglichkeiten!])?

▶ Wurden die potenziellen Anbieter zu einer Vorortbegehung aufgefordert? Welche Anbieter führten eine solche durch?

▶ Wie wurde sichergestellt, dass die Anbieter dabei keine Kenntnis von Mitbewerbern und alle Bewerber den gleichen Kenntnisstand zu den Gegebenheiten vor Ort erlangten?

▶ Zur Urkalkulation:

 ▷ Wurde eine Urkalkulation verlangt?

 ▷ Zu welchem Zeitpunkt musste diese übergeben werden?

 ▷ Welche Sanktionen wurden bei Nichtübergabe vereinbart?

 ▷ In welcher Form wurde das Einsichtsrecht durch den Auftraggeber vorbehalten (z. B. Öffnung durch Auftraggeber nach vorheriger Information des Auftragnehmers)?

 ▷ Wird überprüft, ob die Urkalkulation im eigentlichen Sinn, das heißt zur Kalkulation von Nachträgen, geeignet ist? Dies kann im Rahmen der Auftragserteilung geschehen, bei der die Kalkulation geöffnet und in Stichproben kontrolliert wird.

4.3.4 Angebotseingang und -öffnung

▶ Welche Prozesse existieren zur Sicherstellung der Authentizität elektronisch empfangener Angebote (Einsatz von DV-Systemen wie bspw. „tendersafe", ARRIBA® etc.)?

▶ Welche Prozesse existieren zur Sicherstellung der Authentizität in Papierform eingegangener Angebote (abgeschlossene Räumlichkeiten/Behältnisse, Verwaltung durch Vertrauensperson)?

▶ Wer nahm an der Angebotsöffnung (Submission) teil? Erfolgte die Öffnung der in Papierform erhaltenen Angebote unter Wahrung des Vier-Augen-Prinzips?

Planung und Beschaffung

- ▶ Wurden sämtliche Angebotsunterlagen nach der Öffnung als Original entsprechend fälschungssicher gekennzeichnet (z. B. Lochung der Originalangebote)?
- ▶ Wurde die formale Vollständigkeit der Angebote geprüft und festgehalten?
- ▶ Waren die Angebote rechtskräftig unterzeichnet?
- ▶ Wie erfolgte der Umgang mit verspätet eintreffenden Angeboten? Wurden diese Angebote gesondert gewertet oder abgewiesen?
- ▶ Wo ist dies dokumentiert (Eröffnungs- bzw. Submissionsprotokoll)?

4.3.5 Angebotsvergleich

Hierbei ist zwischen technischer und kaufmännischer Bewertung der Angebote zu unterscheiden. Die technische Bewertung wird im Regelfall vom Fachbereich oder externen Spezialisten durchgeführt. Die kaufmännische Bewertung erfolgt durch die Einkaufsabteilung.

Fragen zur technischen Bewertung:

- ▶ Wurden alle eingegangenen Angebote dem Fachbereich zur Prüfung übergeben?
- ▶ Worauf wurden die Angebote geprüft (inhaltliche Vollständigkeit, technische Machbarkeit auch in Bezug auf weitere Projektumfänge, Einhaltung der Vorgaben, Alternativen)?
- ▶ Wurden die Neben- und/oder Alternativangebote auch ausreichend technisch und wirtschaftlich geprüft? Wie wurde mit diesen Neben- und/oder Alternativangeboten verfahren?
- ▶ Wie ist die Prüfung dokumentiert?
- ▶ Enthielten die Angebote klärungsbedürftige Angaben, z. B. fehlende Leistungspositionen oder sogenannte „Technische Angebotsvorbemerkungen des Lieferanten"?
- ▶ Wie wurde mit diesen verfahren (dokumentierte Nachfragen zur Klärung von Widersprüchen, Durchschnittspreise als Platzhalter o. ä.)?
- ▶ Wurde den eingegangenen Angeboten auch ein von der Ausschreibung unabhängiger Auftragswert gegenübergestellt (eigene Kostenberechnungen, Benchmark-Werte, frühere vergleichbare Leistungen etc.)?
- ▶ Kam man im Rahmen dieser Untersuchung zum Ergebnis, bestimmte Auftragsumfänge beizustellen bzw. in Eigenleistung zu erbringen?
- ▶ Erfolgte eine Paketbildung, Aufteilung etc.?
- ▶ Gab es eine Ersatzteilliste? In welchem Umfang wurden die Ersatzteillisten geprüft?

▶ Erfolgte ein Fabrikatabgleich?

▶ Wurden die von den Bietern vorgelegten Informationen zu den Investitionsfolgekosten (z.B. Instandhaltungskosten) ausreichend geprüft, berücksichtigt und gewertet?

▶ Wurden bei der Auftragserteilung neben den Preisen auch die Erfahrung, Leistungsfähigkeit, Referenzen und Dokumentationssorgfalt der Anbieter berücksichtigt?

▶ Welcher Vergabevorschlag wurde vom Fachbereich gemacht? Mit welcher Begründung erfolgte dieser?

Fragen zur kaufmännischen Bewertung:

▶ Erfolgte eine rechnerische Überprüfung der Angebotspreise und Erfassung der Gesamtangebotspreise vor Verhandlung und technischer Bewertung?

▶ In welchem Umfang wurden die Ausführungstermin- und Zahlungspläne geprüft und im Angebotsvergleich gewertet?

▶ Wie erfolgte die Wertung möglicher Zinsnachteile bei Abschlagszahlungen (für erbrachte Leistungen) bzw. Vorauszahlungen (für noch nicht erbrachte Leistungen)?

▶ Enthielten Angebote auch Vertragsbestimmungen der Lieferanten und wie wurde mit diesen verfahren (Ausschluss, Teilübernahme, Reihenfolge der Vertragsbestandteile etc.)?

▶ Wie erfolgte die Erstellung des Preisspiegels (positionsweise, Bestpreisspalte, Gesamtsummenvergleich, Berücksichtigung von Alternativ- und Eventualpositionen)?

▷ Wurden Währungskurseffekte berücksichtigt?

▷ Wurden Alternativ- oder Eventualleistungen richtig bepreist und im Preisspiegel berücksichtigt?

▷ Wurden sogenannte „Ausreißerpositionslisten" erstellt und erhielten die Bieter die Möglichkeit, diese zu überarbeiten?

▷ Gibt es eine Eigenkalkulation zur grundsätzlichen Preisplausibilisierung?

▶ Entsteht aufgrund des Preisspiegels ein möglicher Verdacht von Preisabsprachen (z.B. identische prozentuale Abweichung der Positionspreise zwischen den Angeboten)?

▶ Gibt es Hinweise auf die Weitergabe von Angebotsdaten an Dritte?

▶ Gibt es Auffälligkeiten wie wiederkehrende Schreibfehler, Rechenfehler, Formatierungen in mehreren Angeboten?

▶ Wurde der Vergabeempfehlung des technischen Fachbereichs gefolgt? Mit welchen Gründen wurde davon abgewichen?

4.3.6 Vergabeverhandlungen

- Wie sah die Verhandlungsstrategie aus (Last Call, Nachverhandlung, Festlegung eines Maximalpreises etc.) und wer hat diese genehmigt?
- Mit welchen Anbietern wurden Vergabeverhandlungen geführt?
- Wann fanden diese statt und wer hat seitens des Auftraggebers (AG) an den Verhandlungen teilgenommen (Vier-Augen-Prinzip)?
- Wie wurden die Verhandlungen dokumentiert (Verhandlungsprotokoll)?
- Sind die Ergebnisse nachvollziehbar?

4.3.7 Vergabe/Bestellung

- Wann erfolgte nach der Vergabeentscheidung die Benachrichtigung des ausgewählten Lieferanten? Bestand zwischenzeitlich die Möglichkeit des Ausnutzens der Information zur persönlichen Vorteilsnahme (Möglichkeit der Einflussnahme auf die Vergabeentscheidung)?
- Erfolgte die Bestellung schriftlich und wurden Auftragsbestätigungen angefordert (Hauptbestellung, Bestelländerungen)? In welchen Fällen ist dies nicht der Fall? Wie stichhaltig sind die Begründungen?
- Erfolgte die Vergabe/Bestellung gemäß den gültigen Allgemeinen Geschäfts-, Liefer-, Zahlungsbedingungen etc. des Unternehmens? Wie wurden Abweichungen begründet?
- Wer prüfte die Übereinstimmung von Auftrag und Bestätigung? Welche Handhabung ist bei Abweichungen vorgesehen?
- Ist die Bestellakte vollständig (Bieterkreis, Angebots-LV, Absagen, Preisspiegel, Verhandlungsprotokolle, Auftrags-LV, Bestell-/Auftragsbestätigung)?
- Wie hoch ist der Anteil für Ersatzteile (Erstbedarf) am Gesamtvolumen und wurde entsprechend den Wert- und Verschleißstrukturen beschafft?
- Welcher Rabatt wurde bei den Ersatzteilen erzielt?
- Wie erfolgt das Wartungsprozedere und die (weitere) Ersatzteilversorgung?
- Gibt es eine Zustimmungspflicht des AG im Falle technischer Änderungen im Rahmen der Herstellung der beauftragten Anlagen durch den Auftragnehmer (AN)?

4.4 Vertragsarten

Die Wahl der Vertragsart sollte auf die zu erfüllende Aufgabe und die vorhandenen Rahmenbedingungen zugeschnitten sein. Jede Vertragsart hat Vor- und Nachteile, die je nach Aufgabenstellung gegeneinander abgewogen werden müssen. Folgende Fragen sollten vor der Wahl der Vertragsart beantwortet werden:

▶ Sind die geplanten Investitionen (z. B. IT, Möbel etc.) wiederkehrend?
▶ Werden Planungs- und Überwachungsleistungen (z. B. Architektur, Haustechnik etc.) benötigt?
▶ Wie viele Gewerke/AN werden für die Ausführung benötigt?
▶ Sind im Unternehmen genügend Kapazitäten vorhanden, um bei einer Beauftragung von mehreren Gewerken/AN die Koordination selbst zu übernehmen (z. B. Termine, Schnittstellen, Gewährleistung)?
▶ Wie hoch ist die Planungssicherheit, d. h. dass die ausgeschriebene Leistung unverändert realisiert wird?
▶ Erfordert die Investition eine anschließende Gewährleistung aus „einer Hand"?

In der Regel kommen für Investitionen folgende Vertragsarten in Betracht:

4.4.1 Einheitspreisvertrag

Unter einem Einheitspreisvertrag versteht man einen Vertrag, in dem die Vergütung pro Mengeneinheit (m², m³, Meter, Stunden, Liter, Durchmesser etc.) festgelegt wird. Der Preis setzt sich aus dem Einheitspreis multipliziert mit der ermittelten Menge zusammen. Die Vergütung erfolgt nicht nach den im Leistungsverzeichnis ausgewiesenen, sondern nach den tatsächlich ausgeführten Mengen.

Vorteile: Die Vergütung erfolgt nach den tatsächlich ausgeführten Mengen und ist somit transparent.

Nachteile: Die endgültige Höhe der Vergütung für die angefragte Leistung steht erst nach Fertigstellung fest. Es besteht die Notwendigkeit, Aufmaße zu erstellen und Mengen zu ermitteln.

4.4.2 Pauschalvertrag

Unter einem Pauschalvertrag versteht man einen Vertrag mit im Vorfeld festgelegter Vergütung (Festpreis). Entsprechend der Detaillierung der Leistungsbeschreibung unterscheidet man zwischen Detailpauschal- und Globalpauschalvertrag (z. B. auf Basis einer Funktionalbeschreibung).

Planung und Beschaffung

Vorteile: Detaillierte Aufmaße und Mengenermittlungen zur Leistungsabrechnung werden dadurch hinfällig. Hinweis: Von besonderer Bedeutung ist hierbei der hohe Planungsgrad.

Nachteile: Bei Änderungen des Leistungsumfangs werden je nach Detaillierung der ursprünglichen Leistung Preisanpassungen notwendig. Probleme treten auch bei vorzeitiger Beendigung des Vertrages auf, da die erbrachte Teilleistung nun bewertet werden muss.

4.4.3 Garantierter Maximalpreis-Vertrag (GMP-Vertrag)

Der vereinbarte Preis ist kein Festpreis, sondern ein Höchstpreis. Einsparungen werden zwischen AN und AG über einen im Vorfeld festgelegten Schlüssel verteilt. Der AN wird in der Regel bereits im Planungsstadium des Projektes mit einbezogen.

Vorteile: Erhöhte Wirtschaftlichkeit durch Nutzung des Planungs-Know-Hows der ausführenden Firmen; Anreiz zur wirtschaftlichen Ausführung durch Bonusregelung.

Nachteile: Höherer Kontroll- und Planungsaufwand; erhöhtes Risiko der unterschiedlichen Vertragsauslegung.

4.4.4 Generalunternehmer-Vertrag (GU-Vertrag)

Im Gegensatz zur Einzelvergabe von Leistungen an verschiedene AN ist der Generalunternehmer einziger Vertragspartner des AG. Der Generalunternehmer erbringt Leistungen selbst, kann aber auch für Teile der Leistungen Subunternehmen beauftragen. In der Regel wird der GU-Vertrag als Pauschalvertrag geschlossen.

Vorteile: Sämtlicher Koordinierungsaufwand und somit auch Termin- und Schnittstellenrisiken verbleiben beim GU.

Nachteile: Gefahr erhöhter Kosten durch GU-Risikozuschlag; verringerte Transparenz und Einflussmöglichkeiten auf die Leistungserbringung.

4.4.5 Generalübernehmer-Vertrag (GÜ-Vertrag)

Genau wie beim GU-Vertrag hat der AG nur einen Vertragspartner. Der GÜ führt jedoch keine Leistungen selbst aus, sondern vergibt diese komplett an Subunternehmer. Genau wie bei der GU-Beauftragung erhält der GÜ einen GÜ-Zuschlag. Übernimmt der Vertragspartner auch die Planungsleistungen, wird er zum Totalübernehmer. In der Regel wird der GÜ-Vertrag als Pauschalvertrag geschlossen (Vor-und Nachteile wie beim GU-Vertrag).

4.4.6 Weitere Vertragsarten

Neben den oben aufgeführten Vertragsarten bestehen noch weitere Formen, wie z. B. Rahmenverträge oder „Cost Plus (Fee)"-Verträge. Diese werden hier nicht weiter behandelt, da sie nur eine untergeordnete Rolle spielen.

5 Realisierung

Nach dem Abschluss der jeweils erforderlichen Planungs- und Beschaffungsphasen, dem Vorliegen der Ausführungspläne und der Genehmigung der entsprechenden Teile des Vorhabens durch die Behörden kann mit der Realisierung des Vorhabens, zumindest teilweise, begonnen werden. Durch die Überwachung von Terminen, Qualität und Kosten soll ein planmäßiger Realisierungsverlauf sichergestellt werden. In dieser Phase können einzelne Elemente nur projektbegleitend zweckmäßig geprüft werden.

In der Realisierungsphase kommt auch dem Thema Projektcontrolling eine besondere Bedeutung zu, um finanziell kritische Entwicklungen und Terminverzögerungen rechtzeitig zu erkennen und gegensteuern zu können.

Die in der Regel unvermeidlichen Planungsänderungen sind durch ein geeignetes Änderungs- bzw. Nachtragsmanagement zu steuern.

5.1 Überwachung von Terminen, Qualität, Kosten

5.1.1 Termine

▶ Lag vor dem Beginn der Leistungserbringung ein schriftlicher Auftrag vor und wurden Termine festgelegt (z. B. Fertigstellungstermin)?
▶ Liegen abgestimmte und aktuelle Terminpläne vor?
▶ Wie ist sichergestellt, dass die Abstimmung zwischen AG und AN laufend erfolgt und die Aktualisierungen durchgeführt werden?
▶ Wer koordiniert Gewerke-Terminpläne mit dem Gesamtterminplan?
▶ Wurden kritische Termine definiert, wurde hierfür bei vom Auftragnehmer verschuldeter Nichterreichung eine Pönale vereinbart? Wurde im Verzugsfall die Pönale abgerechnet bzw. der Grund des Verzichts dokumentiert?
▶ Wie werden neue, aktualisierte Terminpläne kenntlich gemacht (Datum, Version) und wie erfolgt die Benachrichtigung/Information an alle tangierten Stellen (auch AG) bzgl. kritischer Terminänderungen?
▶ Wie werden Terminabweichungen begründet und dokumentiert?
▶ Wie werden die ursprünglich abgestimmten Terminpläne fortgeschrieben und die Änderungen/Historie dokumentiert?
▶ Welche Terminabweichungen führten zu Verzögerungen und/oder Mehrkosten?
▶ Welche Zeitpuffer wurden eingeplant? Waren diese ausreichend?

Realisierung

- Wurde die Umsetzung der Investition zeitlich optimal z. B. zu den Betriebsstillstandzeiten (Weihnachten, Ostern, Brückentage) durchgeführt und wie viele Tage musste die Produktion darüber hinaus stillgelegt werden?
- Gibt es einen definierten Prozess bzgl. der formalen Umsetzung des terminlichen Änderungsmanagements (z. B. Prüfung von Behinderungsanzeigen des AN, Verzugssetzung AN)?

5.1.2 Qualität

- Welche Ausführungsqualitäten wurden im Lastenheft definiert?
- Wie wird die Einhaltung/Umsetzung vereinbarter Qualitäten kontrolliert?
- Erfolgen Bemusterungen von Baustoffen und wird auf die jeweiligen Vor- und Nachteile hingewiesen? Wie werden die Entscheidungen dokumentiert?
- Wer ist berechtigt, Abweichungen/Änderungen von im LV vorgegebenen Standards/Qualitäten vorzunehmen oder zu genehmigen?
- Wie und durch wen werden Qualitätsänderungen gegenüber den Vorgaben aus dem LV monetär bewertet und wie werden diese Entscheidungen dokumentiert?

5.1.3 Zahlungspläne

- Wurden die vereinbarten Zahlungsmodalitäten eingehalten (leistungs- oder ereignisorientiert)?
- Wie sind die Abwicklung bei Änderungen von Terminen und die entsprechende Auswirkung auf die Zahlungspläne organisiert?
- Wer ist berechtigt, Zahlungspläne zu modifizieren? Gab es Modifikationen und waren diese ordnungsgemäß?
- Wurden Anzahlungen oder Vorauszahlungen durch Bürgschaften abgesichert?
- Entspricht der vereinbarte Zahlungsplan dem geplanten Leistungsverlauf?
- Sind im Zahlungsplan Zahlungen nach Leistungsstand vereinbart? (Leistungstand kann prozentual oder besser nach ereignisbezogenen Leistungsständen festgelegt werden (z. B. Fertigstellung Rohbau).
- Wie wird der Leistungsstand festgestellt?

5.1.4 Bauplanmanagement

▶ Liegen aktuelle Pläne den relevanten planenden und ausführenden Stellen vor?
▶ Gibt es einen Prozess bezüglich des Planänderungsmanagements?
▶ Gibt es eine Planindexierung, aus welcher eindeutig die Historie der Planungsstände nachvollziehbar ist?
▶ Werden die Planungsänderungen eindeutig nachvollziehbar dargestellt?
▶ Gibt es eine eindeutige Regelung, wer Pläne verändern darf und wie wird dies dokumentiert (z. B. Unterschrift auf Plan, Planlisten)?

5.2 Budget-/Projektkostencontrolling

Im Folgenden werden mit Budget die freigegebene Investitionssumme und mit Projektkosten die tatsächlichen Investitionskosten bezeichnet.

▶ Wie ist der Genehmigungsprozess für Budgetänderungen definiert/konzipiert?
  ▷ Wie ist sichergestellt, dass Budgetänderungen nur durch autorisierte Personen, die nicht budgetverantwortlich sind (Funktionstrennung), vorgenommen werden können? Welche Gremien müssen einbezogen werden?
  ▷ Gibt es eine prozentuale/absolute Grenze, ab der eine Budgetüberschreitung bzw. eine Budgeterhöhung genehmigt werden muss?
  ▷ Wie ist prozesstechnisch sichergestellt, dass keine Bestellungen mehr ausgeführt und vorerst keine Rechnungen mehr bezahlt werden können, sobald das Budget überschritten wurde oder einen kritischen Auftragswert erreicht hat?
  ▷ Wie ist sichergestellt, dass Budgetüberschreitungen oder drohende Budgetüberschreitungen der Unternehmensleitung bekannt werden (z. B. Projektberichte, regelmäßige unabhängige Controllingauswertungen etc.)?
▶ Wird dem Budgetwert die aktuelle Kostensituation gegenübergestellt? Dazu gehören insbesondere Auftragsstand, Rechnungen, Zahlungen und Forecast (Chancen und Risiken).
▶ Gibt es ein Warnsystem, das vor Budgetüberschreitungen warnt oder wie ist (z. B. systemseitig) sichergestellt, dass Budgetüberschreitungen (z. B. durch Bestellungen) nicht möglich sind?
▶ Wird der Zahlungsstand regelmäßig mit dem Leistungsstand (Projektfortschritt) verglichen? Der Leistungsstand kann prozentual oder nach

Realisierung

ereignisbezogenen Leistungsständen im Zahlungsplan (z. B. Fertigstellung Rohbau) festgelegt werden.

▶ Gibt es eine regelmäßige Berichterstattung zum aktuellen Stand der Investitionskosten und ist der Aktualisierungsrhythmus (z. B. monatlich oder quartalsweise) angemessen?

▶ Wird bei Kostenabweichungen zwischen tatsächlicher Abweichung und möglicher währungsbedingter Abweichung (Delta zwischen Plan-Wechselkurs und tatsächlichem Wechselkurs zum Zeitpunkt der Zahlung) unterschieden?

▶ Gibt es eine Liquiditätsplanung und -steuerung, um Zahlungsengpässe zu vermeiden und sind diese Teil der Berichterstattung?

▶ Welche Regelung besteht bei Budgetunterschreitungen (Restbudget)?

▶ Sind Budgetverschiebungen zwischen Kostengruppen bzw. Teilprojekten möglich?

　▷ Ab welcher Summe und durch wen müssen Budgetverschiebungen genehmigt werden?

　▷ Wie ist sichergestellt, dass nur bestimmte Mitarbeiter genehmigte Verschiebungen vornehmen können?

　▷ Sind die Budgetverschiebungen im aktuellen Budget im Vergleich zum ursprünglich genehmigten Budget nachvollziehbar (z. B. durch Verschiebungsanträge)?

▶ Werden Steuern und Zölle berücksichtigt und separat ausgewiesen?

▶ Entspricht bei internationalen Investitionen die verwendete Wechselkursrate der Rate aus der Wirtschaftlichkeitsrechnung?

▶ Gibt es bei dem Aufbau eines vollständig neuen Standortes neben dem Bericht zu den Investitionskosten (CapEx) eine zusätzliche Berichterstattung über die wesentlichen Kosten des operativen Geschäftsbetriebs (OpEx), z. B. Personalkosten der Projektmitarbeiter?

5.3 Änderungs-/Nachtragsmanagement

Die ideale Grundlage für einen störungsfreien Ablauf in der Projektrealisierung ist eine abgeschlossene und von allen Beteiligten akzeptierte Planung, an die sich – ungestört von weiteren Einflüssen – die Realisierung gemäß Ursprungsplan anschließt. Diese Idealsituation wird jedoch die Ausnahme bei Projektabläufen sein. In der Regel sind Projekte diversen Einflüssen ausgesetzt:

▶ Unvollständige, fehlerhafte und ungenaue/veränderte Planung

▶ Zusatzwünsche

Änderungs-/Nachtragsmanagement

▶ Terminverzögerungen

▶ Unternehmensexterne Veränderungen (z. B. Gesetzesänderungen, Änderungen des Wettbewerbs- oder des politischen Umfeldes).

Daher ergeben sich bei jedem Projekt in der Realisierungsphase Änderungen gegenüber den ursprünglichen Planungen. Zur Steuerung und Beherrschung dieser Änderungen bzw. Nachträge bedarf es eines systematischen Änderungs-/Nachtragsmanagements mit Dokumentation, Überwachung, Bewertung und Festlegung der Zuständigkeiten.

Die Qualität und die Effizienz des Änderungs-/Nachtragsmanagements hängen entscheidend von einer möglichst guten Leistungsbeschreibung ab (Aufsatzpunkt für die Änderung und den Nachtrag). Zum Änderungs-/Nachtragsmanagement gehören folgende Elemente:

▶ Beschreibung der Mehr-/Minderforderung (Art und Inhalt), deren Begründung und Veranlasser

▶ Bewertung nach Kosten, Terminen, Qualität etc.

▶ Initiierung der Entscheidungsprozesse zur Genehmigung und Beauftragung der Änderung bzw. des Nachtrages auf Basis der organisatorisch festgelegten Verfahren

▶ Aktualisierung der Planung und Dokumentation der veränderten Leistungsumfänge.

Je nach Komplexität des Projektes und der auftretenden Änderungen kann sich das Änderungs-/Nachtragsmanagement zu einer eigenen Organisationseinheit entwickeln. Auftragnehmer versuchen Änderungen bzw. Nachträge zu nutzen, um finanzielle Zugeständnisse im Rahmen der Vergabeverhandlung auszugleichen. Vor diesem Hintergrund hat ein funktionierendes Änderungs-/Nachtragsmanagement eine besondere Bedeutung.

Zentrale Fragestellungen sind:

▶ Existiert ein Änderungs-/Nachtragsmanagement und wie ist es in die Projektorganisation eingebunden?

▶ Welche organisatorischen Abläufe wurden festgelegt?

▷ Gibt es einen formalisierten Prozess zu Änderungen, z. B. ein Änderungsantragsformular (siehe Beispiel Anhang 3)?

▷ Wie und durch wen erfolgt die Prüfung von Nachträgen und Behinderungsanzeigen der AN? Wurden dazu gegebenenfalls auch die Aufzeichnungen in den Bautagebüchern herangezogen?

▷ Wie wurden die Ansprüche des AG geltend gemacht (z. B. entfallende Leistungen bei Leistungsänderungen, Verzugskosten)?

Realisierung

- ▷ Wie wurden die durch die Leistungsänderungen entstehenden Mehr- bzw. Minderkosten im Budget fortgeschrieben?
- ▷ Wie ist sichergestellt, dass der Verursacher von Änderungen oder Nachträgen die hierfür anfallenden (Mehr-) Kosten übernehmen muss?
- ▷ Wer darf Änderungen bzw. Nachträge bis zu welcher Höhe anordnen (z. B. Projekt-/Bauleiter) und beauftragen (z. B. Einkauf)?
- ▷ Werden die geänderten Leistungsumfänge vollständig erfasst?
- ▶ Gibt es einen Prozess zur Beilegung von Differenzen hinsichtlich gestellter Nachtragsforderungen (z. B. Schlichtungsregelung)? Wurde als mögliche Bewertungsgrundlage eine Urkalkulation vom AN bereitgestellt?
- ▶ Gibt es eine Übersicht abgewehrter Nachtragsforderungen?

6 Abrechnung

Zur Abrechnung gehören die fachliche und rechnerische Leistungsanerkennung, die Zahlungsfreigabe und der Zahlungsausgang. Im Rahmen der Leistungsanerkennung muss insbesondere sichergestellt werden, dass die bestellte Leistung oder Lieferung korrekt und vollständig ausgeführt bzw. geliefert wurde und mit der Rechnung übereinstimmt.

6.1 Fachliche Leistungsanerkennung

▶ Wurden im Zeitverlauf Leistungen, Leistungsmengen oder Materialien, die später nicht mehr nachvollziehbar sind (z.B. nach Verputzen einer Wand, Abtragung, Verplombung von Maschinen) entsprechend dokumentiert?

▶ Liegen entsprechende Aufmaßblätter vor (aufgestellt durch den AN)?

▶ Wurde das Aufmaß durch den Bauleiter des AG überprüft?

▶ Wie wird sichergestellt, dass bereits im Hauptauftrag pauschal angebotene Leistungen (Baubeschreibung oder Vertragsvorbinder) nicht durch das Aufmaßblatt ein weiteres Mal anerkannt und damit mehrfach abgerechnet werden?

▶ Wurden die Angaben der Stundenlohnrechnungen mit den Eintragungen des Bautagebuches abgeglichen (z.B. war die Firma zum angegebenen Zeitpunkt auf der Baustelle, mit wie vielen Personen, mit welcher Qualifikation)?

▶ Sind die Zuständigkeiten und Befugnisse des Bauleiters geregelt und wurden diese eingehalten?

▶ Werden rechnungsbegründende Unterlagen dokumentiert und archiviert (gesetzliche Aufbewahrungsfrist)?

▶ Wie wurden Mehr- und Minderleistungen gegeneinander aufgerechnet?

6.2 Rechnungsprüfung

▶ Liegt ein klar definierter und ggfs. systemseitig gestützter Rechnungslauf im Unternehmen vor?

▶ Wie ist sichergestellt, dass die Kreditorenbuchhaltung die Rechnung zeitnah erhält?

- Wie wird sichergestellt, dass Zahlungsfristen (u. a. auch für den Abzug von Skonti) nicht überschritten werden? Gibt es ein Vorwarnsystem?
- Wie ist sichergestellt, dass die Rechnung zur Prüfung an den internen oder externen Bauleiter erst nach der Vorkontierung (Registrierung) durch die Buchhaltung weitergeleitet wird? Erfolgt die Weiterleitung zeitnah?
- Wie und durch wen wird geprüft, ob die Rechnung alle erforderlichen Angaben nach § 14 UStG enthält?
- Wurde vor Erstellung des Bauwerks/der Anlage die Steuerschuldnerschaft nach § 13 b UStG festgelegt?
- Wer prüft die Rechnungen auf rechnerische Richtigkeit und wie wird dies dokumentiert?
- Wer prüft die Rechnungen fachlich und inhaltlich und wie wird dies dokumentiert? Liegt beim Prüfenden eine entsprechende fachliche Qualifikation vor?
- Wie wird die Prozessunabhängigkeit mindestens eines Rechnungsprüfers sichergestellt (4-Augen-Prinzip)?
- Erfolgt ggfs. nach der sachlichen und rechnerischen Prüfung eine Freigabe durch den Kostenstellenverantwortlichen/Projektleiter?
- Wie wird mit nicht prüffähigen Rechnungen verfahren (z. B. Leistung nicht erkennbar beschrieben, notwendige Unterlagen fehlen)? Wird ggfs. eine Checkliste verwendet?
- Wie ist sichergestellt, dass bei der Prüfung der Eingangsrechnungen die vereinbarten Garantie- bzw. Sicherheitseinbehalte abgezogen werden?
- Wie ist sichergestellt, dass bei der Prüfung von Schlussrechnungen der volle Betrag nur freigegeben bzw. ausbezahlt wird, sofern für den Gewährleistungszeitraum die vereinbarte Sicherheit (z. B. Bürgschaft) vorliegt?
- Bauabzugsteuer: Wie ist sichergestellt, dass bei jeder Rechnungsprüfung überprüft wird, ob für den Kreditor eine Freistellungsbescheinigung nach § 48 EStG vorliegt?
- Wie wird verfahren, sofern durch den Rechnungsprüfer Rechnungspositionen gekürzt werden? Die gekürzte Rechnung sollte vom Rechnungssteller anerkannt und neu ausgestellt werden. Handschriftlich gekürzte Rechnungspositionen führen zu einer Veränderung des Umsatzsteuerausweises, diese werden teilweise von den Finanzbehörden nicht anerkannt.
- Wie ist sichergestellt, dass bei Nachtragsrechnungen keine Leistungen bezahlt werden, die bereits über den Hauptauftrag beauftragt bzw. abgerechnet wurden?
- Wurde geprüft, ob die in Rechnung gestellten Nachtragsleistungen beauftragt wurden?

6.3 Zahlungsausgang

▶ Liegt eine aktuelle Zeichnungsberechtigten-Liste vor und wurde die Zeichnungsberechtigung eingehalten? Wie wird sichergestellt, dass notwendige Kennungen für das Online-Bankingsystem nur einem eingeschränkten Personenkreis zugänglich sind?

▶ Wird die Zahlungsvorschlagsliste regelmäßig erstellt und durch den Zeichnungsberechtigten freigegeben?

▶ Wird vor Zahlungsfreigabe die Liquiditätssituation und die Liquiditätsplanung abgestimmt?

▶ Wie wird sichergestellt, dass keine manuellen Zahlungen vorgenommen werden bzw. nach manuellen Zahlungen die Kreditoren-Posten sofort ausgebucht werden?

▶ Wie wird sichergestellt, dass Rechnungen nicht doppelt bezahlt werden?

▶ Wie wird sichergestellt, dass bezahlte Rechnungen gekennzeichnet werden (z. B. durch Stempelung)?

▶ Liegen bei Vorauszahlungen entsprechende Sicherheiten vor (z. B. Vorauszahlungsbürgschaft)?

▶ Wird das Bankverrechnungskonto regelmäßig überprüft (ausgeziffert) und werden nicht zuordenbare Zahlungsausgänge regelmäßig geklärt?

▶ Wie wird sichergestellt, dass Bankkontoauszüge zeitnah von der Finanzbuchhaltung gebucht werden (Prüfung: Endsaldo Kontoauszug = Saldo Fi-Bu-Bankkonto)?

6.4 Rückforderungsverhandlungen

Bei Prüfungen können sich Rückforderungsansprüche ergeben.

▶ Ab welchen Volumina werden Rückforderungsverhandlungen durchgeführt?

▶ Wer ist an diesen Verhandlungen beteiligt und wer ist dabei federführend tätig?

▶ Steht eine Rechtsberatung zur Fallbeurteilung zur Verfügung?

▶ Handelt es sich dabei um einen qualifizierten internen oder externen Rechtsanwalt?

▶ In welchen Fällen wurden Ansprüche gerichtlich geltend gemacht und wie oft durchgesetzt?

7 Abnahme und Gewährleistungsabwicklung

Die Abnahme dient dazu, die vom AN fertig gestellten Leistungen an den AG zu übergeben und gleichzeitig festzustellen, ob diese mängelfrei erbracht wurden.

Die während der Abnahme und nach der Abnahme festgestellten Mängel werden in der Gewährleistungsabwicklung behandelt. Die Mängel, die vor der Abnahme auftreten, werden durch den AN – sofern möglich – noch vor der Abnahme behoben.

Sollten die Mängel während der Abnahmebegehung wesentlich sein, so kann der AG die Abnahme der Leistung verweigern.

7.1 Abnahme

Der förmlichen Abnahme (beiderseitige Begehung und Abzeichnung des Abnahmeprotokolls) kommt eine besondere Bedeutung zu, da mit ihr nicht nur der Gefahrenübergang auf den AG stattfindet, sondern in der Regel auch die Gewährleistungsfristen für den AN zu laufen beginnen. Darüber hinaus bedeutet die Abnahme die Anerkennung der fachlichen Leistung, die Umkehr der Beweislast und die Möglichkeit der Rechnungsstellung (Teil- oder Schlussrechnung).

Bei geringfügigen Mängeln kann die Abnahme gem. VOB/B nicht verweigert werden. Dies bedeutet, dass die Beseitigung der dabei festgestellten Mängel ebenfalls überwacht werden muss. Bei BGB-Verträgen kann die Abnahme auch bei geringfügigen Mängeln verweigert werden.

Ein Beispiel für ein Abnahmeprotokoll für Bauprojekte befindet sich in Anhang 2.

7.1.1 Abnahmetermin

▶ Wer nahm seitens des AG bzw. AN an den Abnahmen teil?
▶ Waren die Teilnehmer ausreichend qualifiziert und berechtigt, die Abnahmeprotokolle für den AG bzw. AN freizuzeichnen/anzuerkennen?
▶ Welche Regelungen für die Teilnahme sowie Form und Freizeichnung der Protokolle gibt es (Arbeitsanweisungen)?
▶ Wie wurde sichergestellt, dass die Abnahmen tatsächlich vor Ort durchgeführt wurden?

Abnahme und Gewährleistungsabwicklung

- ▶ Welche Überprüfungen (Funktions- und Leistungstests, Volllast-/Dauerläufe etc.) wurden vorgenommen und wurden dabei die wesentlichen Anforderungen erfüllt?
- ▶ Welche Dokumentationen wurden im Rahmen der Abnahmen übergeben (Revisionspläne, Bedienungsanleitungen, Leistungsnachweise etc.)?
- ▶ Welche weiteren, gesetzlich vorgeschriebenen Abnahmen (unterschiedlich je nach Bundesland) erfolgten (Brandschutz, TÜV, Gewerbeaufsicht, Bauamt etc.)?
- ▶ Wie wurde sichergestellt, dass Gebäude oder Anlagen erst nach Abnahme in Betrieb genommen wurden (Risiko durch verfrühte Inbetriebnahme: Haftungs- und Gewährleistungsausschlüsse durch den AN)?

7.1.2 Abnahmeprotokoll

- ▶ Sind die Abnahmeprotokolle vollständig vorhanden?
- ▶ Welche Informationen stehen auf dem Abnahmeprotokoll (Benennung AN, AG, Leistung, Ort und Datum)?
- ▶ Ist klar und eindeutig erkennbar, ob der AG die Leistung anerkennt bzw. die Leistung verweigert (z. B. Kästchen zum Ankreuzen)?
- ▶ Welche Mängel wurden festgestellt und vermerkt? Sind diese Mängel genau bezeichnet und mit einer Behebungsfrist versehen?
- ▶ Ist klar und eindeutig geregelt, wer die Behebung der Restmängel wie durchführt?
- ▶ Welcher Gewährleistungsbeginn für diese Restarbeiten wurde vereinbart?
- ▶ Wie wurde mit Abweichungen von der Bestellung, Mängeln und Beanstandungen des AG bzw. AN verfahren, die nicht zu einer Behebung führten? Wurden diese Fälle an die entsprechenden Stellen (u. a. Rechnungsprüfung, Beschaffung, Planung) gemeldet?
- ▶ Auf welchen gesetzlichen Grundlagen basiert die Gewährleistung und sind diese im Protokoll übernommen worden (z. B. Gewährleistungszeiträume gemäß BGB, VOB, VOL)?
- ▶ Ist klar und eindeutig geregelt, zu welchem Datum die Gewährleistungsfrist beginnt?

7.1.3 Ersatzvornahmen

Ist ein AN nicht mehr in der Lage oder willens, einen Mangel innerhalb einer gesetzten Frist zu beheben, kann vom AG eine Ersatzvornahme eingeleitet werden. Dies bedeutet, dass der AG einen Dritten mit der Mangelbeseitigung beauftragt. Die Kosten der Ersatzvornahme sind i.d.R. von dem verursachenden AN zu erstatten.

Hierbei sind folgende formale Punkte zu beachten:

▶ Hat der AG schriftlich eine angemessene Frist zur Mangelbeseitigung gestellt?
▶ Wurden die Beweise vor Mangelbeseitigung in ausreichender Form gesichert?
▶ Wurde ggfs. versucht, im Wege der Vorschussklage die Kosten gegenüber dem verursachenden Unternehmer geltend zu machen?
▶ Wurden die Kosten dem ursprünglichen AN in Rechnung gestellt bzw. vom Werklohn abgezogen?
▶ Wurde bei der Abnahme des Gesamtwerkes ein entsprechender Betrag (i.d.R. das 2–3fache der zu erwartenden Kosten) bei festgestellten Mängeln von der Schlussrechnungssumme einbehalten?

7.2 Sicherheiten und Sicherheitseinbehalte

7.2.1 Sicherheitseinbehalte

Einbehalt oder Sicherheitseinbehalt bedeutet, dass ein Teil der Forderung des AN vom AG vorläufig nicht ausbezahlt wird. Diese Stundung dient als Sicherheit für etwaige Erfüllungs- oder Gewährleistungsansprüche des AG. Im Bauwesen können gemäß § 17 VOB/B von Teilrechnungen max. 10% als Sicherungssumme einbehalten werden, bis die Höhe der vereinbarten Sicherungssumme (i.d.R. 5% des Vergütungsanspruchs) erreicht ist.

Folgende Punkte sind dabei zu beachten:

▶ Wurde das Instrument des Sicherheitseinbehalts mit dem AN vereinbart?
▶ Wurde die Höhe des max. zulässigen Sicherheitseinbehalts nicht überschritten?
▶ Wurde der Sicherheitseinbehalt auf ein Sperrkonto gem. § 17 VOB/B einbezahlt?
▶ Wurde dem AN offen gelassen, die Form der Sicherheitsleistung zu wählen (z.B. durch Bürgschaft)?
▶ Wie wird sichergestellt, dass ein Sicherheitseinbehalt nicht zu früh, sondern nur mit Ablauf der Verjährungsfrist für Mängelansprüche oder durch Tausch in eine Bürgschaft ausbezahlt wird?

7.2.2 Bürgschaften

Es gibt verschiedene Arten von Bürgschaften: Vertragserfüllungsbürgschaft, Vorauszahlungsbürgschaft und Gewährleistungsbürgschaft sowie die Bauhandwerkersicherung. Im Bauwesen ist darauf zu achten, dass Bürgschaften nicht mehr auf erstes Anfordern verlangt werden können, da diese ggfs. vom AN bzw. dem Sicherungsgeber ersatzlos zurückverlangt werden können.

▶ Wurde ein allgemeingültiges Bürgschaftsmuster des AG verwendet?

▶ Wurde die Bürgschaft durch ein Kreditinstitut oder eine Versicherung nach Wahl des AG ausgestellt (z. B. deutsches Kreditinstitut)?

▶ Wurde darauf geachtet, dass die Bürgschaft nicht zeitlich begrenzt ausgestellt wurde?

▶ Wie wurde sichergestellt, dass die Bürgschaft im Unternehmen sicher verwahrt wurde? Wird ein Urkundenbuch geführt, in dem jede(r) Eingang bzw. Entnahme einer Bürgschaft verzeichnet wird?

▶ Wie wurde geregelt, welcher Personenkreis im Unternehmen zur Entgegennahme, Verwahrung und Rückgabe einer Bürgschaft befugt ist?

▶ Liegt eine Kompetenzrichtlinie vor, die regelt, welcher Personenkreis zur Abgabe/Bestellung einer Bürgschaft (z. B. Bauhandwerkersicherung nach § 648a BGB) berechtigt ist?

▶ Wie wird sichergestellt, dass der AN die Kosten der Bürgschaft (Avalprovision) trägt?

7.3 Betriebsgenehmigungen/Inbetriebnahme

▶ Wie sind Verantwortlichkeit, Form und Vorgehen im Verfahren für die Inbetriebnahme und die Anmeldung von Gewährleistungsansprüchen geregelt?

▶ Welche behördlichen Auflagen zur Inbetriebnahme liegen vor und müssen umgesetzt werden?

▶ Liegen zur Inbetriebnahme einer sicherheitsrelevanten Anlage die Bauartengenehmigungen für die Einzelkomponenten vor (z. B. Datenblätter für Sicherheitsventile, Messeinrichtungen etc.)?

▶ Welche Ersatzteile und Zubehör wurden als Erstausstattung bestellt und sind diese vollständig mit der zugehörigen Dokumentation (u. a. Zeichnungen, Pläne, Bedienungsanleitungen) geliefert?

▶ Wurde eine Inbetriebnahmebescheinigung/-protokoll zwischen Anlagenersteller und Betriebsabteilung erstellt?

7.4 Gewährleistungsüberwachung/Überwachung der Mängelansprüche

I.d.R. werden die Aufgaben der Gewährleistungsüberwachung nicht vom Nutzer selbst durchgeführt, sondern einem Fachbereich (z.B. Facility Management) übertragen. Gem. § 13 VOB/B wird der Begriff „Mängelansprüche" verwandt; wir verwenden der besseren Verständlichkeit halber im Folgenden den Begriff „Gewährleistung".

Für Mängel die während des Gewährleistungszeitraums auftraten und behoben wurden, beginnt die vereinbarte Gewährleistungsfrist erneut zu laufen.

7.4.1 Organisation, Aufgabenumfang

- ▶ Wer (z.B. Facility Management) ist für die nachstehenden Aufgaben im Rahmen der Gewährleistungsabwicklung verantwortlich?
  - ▷ Gewährleistungsverfolgung während der Gewährleistungszeit
  - ▷ Begehungen kurz vor Ablauf der Gewährleistungszeit inkl. Dokumentation
  - ▷ Erstellung von Mängelrügen
  - ▷ Meldung und Beauftragung zur Mängelbeseitigung an Lieferant
  - ▷ Überwachung der Mängelbeseitigung mit Abnahme inkl. Kommunikation der neuen Gewährleistungsfristen
  - ▷ Information der entsprechenden Stellen (u.a. Versicherung, Einkauf, Planung) über den Eintritt eines Gewährleistungsfalls.
- ▶ Wo ist dies dokumentiert (Leistungsvereinbarungen, Aufgabenbeschreibungen) einschließlich eines Eskalationsprozesses für Streitfälle?
- ▶ Wie wurden die ursprünglichen Gewährleistungsfristen verlängert und mit dem Betrieb kommuniziert (z.B. zur Vermeidung von unnötigem Instandhaltungsaufwand)?
- ▶ Wer liefert Informationen an den Einkauf zur Lieferantenbewertung (z.B. Qualität des Abarbeitungsprozesses)?
- ▶ Welche Gewährleistungsansprüche sind vertraglich ausgeschlossen (z.B. für Bauteile, die einer über das übliche Maß hinausgehenden Belastung unterliegen)?
- ▶ Wie stellt sich der Informationsfluss von einer Störungsmeldung bis zur Mängelrüge dar?
- ▶ Wie erfolgt eine Sensibilisierung der Mitarbeiter hinsichtlich der Bedeutung des Erkennens von Gewährleistungsfällen (Schulungen)?
- ▶ Wer kann beurteilen, ob es sich um Gewährleistungsfälle oder um z.B. eigenverschuldete Beschädigungen handelt?

Abnahme und Gewährleistungsabwicklung

7.4.2 Objektdaten – statistische Auswertungen

▶ Wie viele Gewährleistungsfälle gab es in den letzten Jahren?
▶ Welchen durchschnittlichen Wert hatten die durch die Lieferanten erbrachten Leistungen (ggfs. auch Schätzungen)?
▶ Wie viele Ersatzvornahmen gab es in den letzten Jahren?
▶ Wie viele Ersatzvornahmen bzw. welche Beträge konnten dem Gewährleistungspflichtigen nicht in Rechnung gestellt werden (z. B. wegen fehlender Gewährleistungsbürgschaft und Insolvenz)?
▶ Wie oft wurden Gewährleistungsfristen nach Mängelbeseitigungen verlängert?
▶ Wie oft wurden Gewährleistungsbürgschaften schon verlängert?
▶ Wie oft wurden Fremdfirmen mit Folgekosten belastet?

7.4.3 Hilfsmittel und Systemeinsatz

▶ Welche Formulare werden zur Mängelrüge genutzt (VOB-Musterbriefe etc.)?
▶ Erfüllen diese Formulare alle Anforderungen an eine formaljuristisch einwandfreie Abnahme und Mängelrüge?
▶ Wie erfolgt die Überwachung des Ablaufs der Gewährleistungsfristen (Systemeinsatz, per Terminkalender o. ä.)? Wer hat Zugriff auf das System (Lese-/Schreibberechtigungen)?
▶ Welche Daten werden im System gepflegt (Gebäude, Gewerke, Auftragnehmer, Bestellnummer, Abnahmedatum, Gewährleistungsbeginn, Ablauffristen, Mängel, Mängelanzeigedatum, Mängelbeseitigungsdatum bei Gewährleistungsmängeln, verlängerte Gewährleistungsfristen)? Wer aktualisiert die Daten?
▶ Wird generell vor einer Instandhaltungsmaßnahme geprüft, ob noch Gewährleistung für das Objekt bzw. die Anlage besteht?
▶ Welche Auswertungen lassen sich mit dem System erstellen (z. B. Zeitraum zwischen Mängelerkennung und -beseitigung, Lieferantenbewertung)?

8 Projektreview/Projektabschluss

Mit dem Projektreview ist zu überprüfen, ob die Vorgaben hinsichtlich Kosten, Terminen und Qualität umgesetzt wurden. Ermittelte Kennzahlen können als Grundlage für Planungs- und Benchmarkwerte für vergleichbare Projekte herangezogen werden. Die Nachkalkulation soll abgleichen, inwieweit Planungsprämissen eingehalten wurden. Die abschließende Projektdokumentation und Ablage ist zur Erfüllung unterschiedlicher externer und innerbetrieblicher Anforderungen erforderlich.

8.1 Umsetzung der Projektvorgaben

▶ Entsprechen Qualität und Quantität der erbrachten Leistung den Grundlagen der Projektplanung/Genehmigung?

▶ Erfüllt das fertig gestellte Projekt alle funktionalen Anforderungen?

▶ Wurden die Meilensteine im Projektverlauf, insbesondere der Abschlusstermin eingehalten?

8.2 Nachkalkulation und Ermittlung von Kennzahlen

Die Nachkalkulation oder Investitionsnachrechnung soll den Zielerreichungsgrad der durchgeführten Maßnahmen messen und ggf. wesentliche Abweichungsursachen aufzeigen. Dazu gehören neben der Budgeteinhaltung (Kostenkalkulation) auch die Verifizierung der Realisierung von in der Planung prognostizierten wirtschaftlichen Vorteilen (z. B. geringerer Instandhaltungsaufwand, höhere Produktivität, bessere Qualität). Die Einhaltung der ursprünglichen Kostenkalkulation kann bereits im Laufe der Projektphase geprüft werden. Die sinnvolle Beurteilung der wirtschaftlichen Vorteile kann eine angemessene operative Betriebszeit erfordern, z. B. ein Jahr nach Beendigung der Hochlaufkurve.

▶ Ist eine Nachkalkulation z. B. für Investitionsmaßnahmen ab einer definierten Investitionssumme im Unternehmen vorgeschrieben und werden diese Vorgaben eingehalten?

▶ Liegt eine Kostenfeststellung, z. B. nach DIN 276 vor? Beinhaltet diese alle angefallenen Investitionskosten, auch solche, die nicht in der DIN 276 enthalten sind (z. B. Overhead)?

▶ Lehnt sich das Schema/der Inhalt der Nachkalkulation an das der Vorkalkulation an, um die Vergleichbarkeit sicherzustellen?

- Gibt es eine einheitliche Systematik zur Ermittlung von Kennzahlen/Benchmark-Werten?
- Wurden die Kennzahlen an die betroffenen Fachstellen weitergeleitet?
- Wie groß ist der wirtschaftliche Vorteil (z. B. Kapitalwert der Investition) auf Basis der Ist-Daten (Investitionskosten)?
- Wurden/werden die Investitionsziele erreicht? Wie wird sich die Wirtschaftlichkeit im Falle von Abweichungen auf Basis der aktualisierten Plan-Daten (erwartete Aufwendungen und Erträge) für den kommenden Planungshorizont verändern und wie werden insbesondere negative Abweichungen von der prognostizierten Wirtschaftlichkeit begründet?
- Waren die Annahmen hinsichtlich der geplanten Kosten und der geschätzten Einnahmen nachvollziehbar und realistisch?
- In welchem Umfang wurden prognostizierte betriebliche/technische Vorteile nachvollziehbar realisiert?

8.3 Projektabschlussbericht

- Wird ein Projektabschlussbericht erstellt?
- Gibt es einen Standard für Projektabschlussberichte?
- Inwieweit müssen die Ergebnisse einer möglichen Nachkalkulation in den Abschlussbericht einfließen?
- Wie wird sichergestellt, dass Optimierungen aus Planung und Bauausführung für zukünftige Projekte genutzt werden können (Lessons learned)?

8.4 Projektdokumentation und Ablage

- Gibt es einen Standard zur Ablage bzw. Archivierung relevanter Projektunterlagen?
- Liegen dem AG alle für das Genehmigungsverfahren relevanten Unterlagen (wie z. B. Baugenehmigung) vor?
- Werden aufbewahrungspflichtige Dokumente wie z. B. Rechnungen entsprechend den gesetzlichen Vorgaben aufbewahrt?
- Werden dem AG entsprechend den vertraglichen Vereinbarungen Bestands-/Revisionsunterlagen (insbesondere für die technischen Gewerke) zur Verfügung gestellt? Wer prüft diese auf Aktualität und Vollständigkeit?
- Stehen die Revisionsunterlagen, Ausführungspläne etc. den für Betrieb und Instandhaltung zuständigen Stellen zur Verfügung?

9 Anlagenbuchhaltung

Dieses Kapitel setzt sich damit auseinander, wie begonnene und abgeschlossene Investitionen im Rechnungswesen abgebildet werden. Das Kapitel geht thematisch über den reinen Prüfschritt „Rechnungswesen" hinaus und kann auch als alleinstehende Prüfung durchgeführt werden.

9.1 Organisation

▶ Welche Richtlinien für die Durchführung von Investitionen und deren buchhalterische Abbildung liegen vor (Kompetenzrichtlinie, Organisationsrichtlinie, Einkaufsrichtlinie, Arbeitsanweisungen, Bilanzierungshandbuch etc.)? Sind Verantwortlichkeiten klar definiert?

▶ Sind die internen Bilanzierungsvorschriften aktuell? Wird darin auf die Unterscheidung von Leasinggeschäften, Investitionen vs. Erhaltungsaufwand, Nutzungsdauern, Abschreibungsarten, Anlagenspiegel etc. eingegangen?

▶ Welche IT-Systeme werden für die Buchhaltung genutzt und liegt eine aktuelle Schnittstellenübersicht vor?

▶ In welcher Form ist die Zusammenarbeit zw. Projekt- bzw. Bauleiter und der Buchhaltung und ggfs. dem Controlling geregelt?

▶ In welcher Form und durch wen werden die Unterlagen der Anlagenbuchhaltung (Zugänge, Abgänge, Abschreibung, kumulierte Abschreibung, Restbuchwert, Nutzungsdauer, Umbuchungen etc.) regelmäßig geprüft? Wird diese Prüfung dokumentiert (monitoring control)?

▶ Wie viele Umbuchungen kommen vor und was sind die Ursachen? Rechnet sich ein Techniker in der Anlagenbuchhaltung?

9.2 Funktionstrennung

▶ In welcher Form wird die Funktionstrennung gewährleistet (z. B. eingeschränkte Zugriffsrechte) insbesondere für Stammdatenpflege, Bestellungen, Rechnungsprüfung?

▶ Sind die Zugriffsrechte hierarchisch abgestuft?

▶ Welche Stelle richtet die Zugriffsrechte ein und kann diese verändern (Administratoren) und ist dies im Sinne der Funktionstrennung sinnvoll?

▶ Werden Administratorenaktivitäten protokolliert?

Anlagenbuchhaltung

▶ Wie ist sichergestellt, dass die Zugriffsmöglichkeit auf Systeme für ausgeschiedene oder versetzte Mitarbeiter zeitnah gesperrt wird?

9.3 Stammdatenverwaltung

▶ In welcher Form sieht die Stammdatenverwaltung einen Genehmigungsprozess für das Anlegen, Ändern und Löschen von Stammdaten vor?
▶ Sind relevante Parameter (Abschreibungsraten, Nutzungsdauern etc.) in einem Mussfeld systemseitig pro Anlagenklasse hinterlegt oder können diese von jedem Buchhalter individuell geändert werden?
▶ Wird ein Stammdatenänderungsprotokoll erstellt und von dem/der Verantwortlichen regelmäßig überprüft (monitoring control)?

9.4 Investitionsanträge

▶ Sind für Investitionen standardisierte Anträge vorgesehen und enthalten diese alle wichtigen Angaben wie bspw. Investitionsmaßnahmen, Anschaffungsbegründung, veranschlagte Kosten, Ausführungsdatum, Vergleichsangebote, Wirtschaftlichkeitsrechnung, Datum, Projektverantwortliche/r, Autorisierung?
▶ Liegt für alle Anlagenzugänge (Zugangsliste) ein Investitionsantrag vor?
▶ Sind alle Anträge ordnungsgemäß und kompetenzgerecht autorisiert?

9.5 Anlagenzugänge

▶ Wie wird die korrekte Kontierung für jeden Anlagenzugang sichergestellt? Wie ist sichergestellt, dass alle zu aktivierenden Güter an die Anlagenbuchhaltung gemeldet werden?
▶ In welcher Form wird eine Anlagenzugangsliste erstellt? Wie wird sichergestellt, dass die Zugangsliste korrekt und vollständig ist?
▶ Wie ist sichergestellt, dass jedem Anlagegegenstand eine eindeutige Inventarnummer zugeordnet wird?
▶ Wie wird sichergestellt, dass nur Investitionen und kein Aufwand darin enthalten sind (insbesondere bei Ersatzinvestitionen)?
▶ Welche Unterlagen werden der Anlagenbuchhaltung zur Verfügung gestellt, um die Aktivierung korrekt durchführen zu können (z. B. Rechnungen, Investitionsantrag etc.) und sind diese ausreichend?

- Wie ist sichergestellt, dass zur Bilanzierung von Leasinggeschäften die Vorschriften des HGB bzw. des IFRS/US-GAAP beachtet werden?
- Wie wird sichergestellt, dass Nachaktivierungen richtig kontiert werden?

9.6 Anlagen im Bau

- Wie wird sichergestellt, dass alle begonnenen, jedoch noch nicht fertig gestellten Anlagen/Investitionen auf einem separaten Konto „Anlagen im Bau" gebucht werden? Hinweis: Grundstücke sind direkt bei Kauf zu aktivieren und nicht als Anlagen im Bau zu buchen.
- Liegt für jede „Anlage im Bau" eine Projektplanung vor?
- Wie wird sichergestellt, dass Anzahlungen dem Projekt korrekt zugeordnet werden?
- Wie wird sichergestellt, dass noch nicht fertig gestellte Anlagen/Investitionen erst nach Fertigstellung abgeschrieben werden?
- In welcher Form wird die Fertigstellung der Anlage/des Projektes an die Anlagenbuchhaltung gemeldet (z. B. Abnahmeprotokoll)? Ist diese Meldung ausreichend, um eine korrekte und vollständige Umbuchung ins Konto „Sachanlangen" aller zum Projekt gehörenden Rechnungen vornehmen zu können?
- In welcher Form wurden intern erbrachte Leistungen aktiviert?
- Wurden die Teilrechnungen inklusive oder exklusive Sicherheitseinbehalte gebucht?
- Ist die Freigabe zur Auszahlung von Sicherheitseinbehalten, z. B. nach Bürgschaftsstellung, im Unternehmen geregelt?

9.7 Abschreibungen

- Wie wird sichergestellt, dass die Nutzungsdauer und die Abschreibungsarten je nach Anlagenklasse gemäß lokalen oder internationalen Richtlinien richtig hinterlegt sind?
- Wie ist sichergestellt, dass die Abschreibung rechnerisch richtig erfolgt und in der Finanzbuchhaltung erfasst wird (Untersuchung auf Schnittstellen- bzw. Programmfehler)?
- Welcher Autorisierungs- bzw. Genehmigungsprozess liegt für außerplanmäßige Abschreibungen vor? Wie wird sichergestellt, dass die Abschreibungsparameter systemseitig entsprechend angepasst werden?

Anlagenbuchhaltung

- Werden nach IFRS die „Impairment Tests" regelmäßig durchgeführt und ggf. die Wertminderung nach außerplanmäßigen Abschreibungen in der Finanzbuchhaltung korrekt übernommen?
- Werden die neuen Aktivierungs- und Abschreibungsregeln für geringwertige Wirtschaftsgüter (GWG) beachtet, die zum Zeitpunkt des Erwerbs in Kraft waren?

9.8 Anlagenabgänge

- In welcher Form ist der Anlagenabgang im Unternehmen geregelt? Welche Unterlagen müssen vorliegen, um den Abgang zu buchen (Verschrottungsbeleg, Verkaufsbeleg, kompetenzgerechte Autorisierung etc.)?
- Wie ist sichergestellt, dass Anlagenabgänge (Verschrottung, Schwund, Verkauf) tatsächlich an die Anlagenbuchhaltung gemeldet werden? Ist die Verantwortung dafür klar geregelt?
- Wie wird sichergestellt, dass der Veräußerungsgewinn bzw. –verlust korrekt ermittelt und verbucht wird? Wie ist sichergestellt, dass Anschaffungskosten/Herstellungskosten bzw. der Restbuchwert und die kumulierte AfA in der Finanzbuchhaltung korrekt ausgebucht bzw. gemindert werden?

9.9 Inventur von Anlagen

- Ist eine Regelung zur Durchführung von Anlageninventuren im Unternehmen vorhanden? Ist diese Regelung sinnvoll und vollständig und wird diese auch beachtet?
- Wird die Anlageninventur im Vier-Augen-Prinzip durchgeführt und die Inventurlisten ordnungsgemäß abgezeichnet?
- Wie wird mit Inventar verfahren, das im Zuge einer Inventur als „nicht mehr vorhanden" gekennzeichnet wird?
- Sind die Anlagengegenstände sinnvoll und mit Orts- oder Verwendungszwecken im Anlagenverzeichnis (Anlagengitter) so gekennzeichnet, dass diese in späteren Inventuren problemlos zugeordnet bzw. aufgenommen werden können?

Anhang 1: Abkürzungsverzeichnis

AfA	Absetzung für Abnutzung (Abschreibung)
AGB	Allgemeine Geschäftsbedingungen
AG	Auftraggeber
AN	Auftragnehmer
ARRIBA®	DV(AVA)-System zur Ausschreibung, Vergabe und Abrechnung von (hauptsächlich) Bauleistungen der Fa. RIB Bausoftware GmbH
BGB	Bürgerliches Gesetzbuch
CapEx	Capital Expenditure (Investitionskosten)
DCF	Discounted Cash Flow
DIN	Deutsches Institut für Normung
DV	Datenverarbeitung
EStG	Einkommensteuergesetz
EU	Europäische Union
FiBu	Finanzbuchhaltung
GMP	Garantierter Maximalpreis
GU	Generalunternehmer
GÜ	Generalübernehmer
GWG	Geringwertige Wirtschaftsgüter
HGB	Handelsgesetzbuch
IFRS/IAS	International Financial Reporting Standards (früher IAS International Accounting Standards)
IT	Informationstechnologie
LV	Leistungsverzeichnis
OpEx	Operational Expenditure (Betriebskosten)
TÜV	Technischer Überwachungsverein
US-GAAP	United States Generally Accepted Accounting Principles
UStG	Umsatzsteuergesetz
VOB/B	Vergabe- und Vertragsordnung für Bauleistungen (Teil B)
VOL	Vergabe- und Vertragsordnung für Leistungen
WIRE	Wirtschaftlichkeitsrechnung

Anhang

Anhang 2: Formular „Abnahmeprotokoll"

Auftraggeber	Abnahmeprotokoll

Objekt:..... ....Objekt-Nr. ....

Anlage: ....

Standort: .... Übersichts-Zeichnungs-Nr.: ....

Auftragnehmer: .... Auftrags-Nr.: ....

Bestell-/Anford.- Nr. des Bestellers: .... Bestell-Datum: ....

Die Anlage wurde gemäß der obigen Bestellung geliefert und montiert. Alle technischen Unterlagen gemäß Bestellung und gemäß "Listen für die Lieferung technischer Unterlagen" nach Liste Nr.: ....

wurden entsprechend dem Stand zum Zeitpunkt der Abnahme geliefert. Die vom Auftragnehmer benutzten Werkanlagen und -einrichtungen wurden in ordnungsgemäßem Zustand über- bzw. abgegeben.

Betriebsbereit am:	Probebetrieb durchgeführt:	Leistungsnachweis erbracht:	Abgenommen am:
Datum	von bis	von bis	Datum

Die Mängelhaftung beginnt mit dem Datum der Abnahme und endet am ...., soweit nicht eine Unterbrechung oder Hemmung der Verjährung dieser Haftung eintritt.

Mängel geringfügiger Art, die noch zu beseitigen sind, zu ergänzende und fehlende technische Unterlagen:

(Wenn erforderlich sind weitere Mängelfeststellungen als Anlage beizufügen) | festgelegte Frist

Geschätzter Wert für Zahlungseinbehalt
a) bei Mängelbeseitigung durch Besteller: .... €
b) bei Beschaffung fehlender technischer Unterlagen durch Besteller: .... €

Der Besteller behält sich bis zur vollständigen Zahlung vor, etwa entstandene Vertragsstrafen geltend zu machen. Die Abnahme wird hiermit ausgesprochen.

Für den Auftragnehmer	Für den Besteller:		
	Werk/Betrieb		
Firmenname:	Ort und Datum		
	Zuständige Abteilungen des Bestellers		
		Abteilung	Unterschrift
	Anfordernde Stelle: [1]	....	....
Ort:	Übernehmender Betrieb:	....	....
	Erhaltungsbetrieb:	....	....
Datum:	Arbeitssicherheit: [2]	....	....
	Andere hinzugezogene		
Unterschrift:	Fachabteilungen: [2]	....	....

[1] Die Rechtsverbindlichkeit des Abnahmeprotokolls wird seitens des Bestellers nur durch diese Unterschrift erbracht.
[2] Nach Bedarf. Bei Nichtinanspruchnahme ist seitens der verantwortlichen, anfordernden Stelle im Feld Abteilung "nicht erforderlich" einzutragen und mit Unterschrift zu quittieren.

Verteiler: 1 Auftragnehmer, 2 Einkaufsabrechnung, 3 Anfordernde Stelle, 4 Übernehmender Betrieb, 5 Erhaltungsbetrieb, 6 Bauleitung, 7 Arbeitssicherheit, 8 Hinzugezogene Fachabteilungen nach Bedarf

Anhang 3: Formular „Änderungsantrag"

ÄNDERUNGSANTRAG	Nummer vom
Projekt:	LV-Nr.:
Verursacher ☐ Nutzer ☐ Planer ☐ Behördliche Auflagen ☐ AN	

Beschreibung/Begründung der Änderung

Qualitätsauswirkungen

Terminauswirkung

Planungs-/Ausführungstermine ☐ werden vorverlegt	☐ bleiben unverändert	☐ werden verzögert
Auswirkung in Tagen:		
Auswirkungen auf den Endtermin: ☐ Ja ☐ Nein	Neuer Termin:	

Kostenauswirkungen

Abrechnung	Kostenaufteilung	☐ Kosteneinsparung	☐ Kostenerhöhung
☐ Einheitspreis, Pos. Nr. ____	200 Herrichten: _____		
☐ Pauschal	300 BAU: _____		
☐ Stundenlohnarbeiten	400 TGA: _____		
☐ Rapportaufstellung	500 Außenanlagen: _____	Saldo: EUR Anrechenbare Kosten: _____	
☐ Verlorene Planung			
	700 Planung: _____ Zusätzliche Planung		

Genehmigt	**Verteiler**	
Aussteller (für Inhalt und insbesondere Auswirkungen)	☐ Bauherr	☐ Projektleiter
	☐ Architekt	☐ Projektkoordination
Verursacher	☐ BAU	☐ Nutzer
	☐ TGA	☐ ....
Budgetverantwortlicher	☐	☐ ....
Unterschrift, Datum	☐	☐ ....

Anhang 4: Finanzierungsalternativen Miete, Pacht und Leasing

	Miete	Pacht	Leasing
Definition	Überlassung eines Wirtschaftsgutes auf Zeit zum Gebrauch gegen Entgelt (Gebrauchsüberlassung)	Überlassung eines Wirtschaftsgutes zum Gebrauch einschließlich der damit verbundenen Erträge auf Zeit gegen Entgelt	Besondere Vertragsform der Vermietung und Verpachtung von Investitions- und Konsumgütern mit einer Vielzahl von Gestaltungsvarianten in der Praxis. Dabei stehen häufig die Finanzierungsfunktion und/oder die Dienstleistungsfunktion (sog. Full-Service-Leasing) im Vordergrund.
Rechtsgrundlage	Definition und Regelungen im BGB §§ 535–580a	Definition und Regelungen im BGB §§ 581–597	keine gesetzliche Definition
typische Anwendung	Wohngebäude, Gewerbeimmobilien	Grundstücke (Erbpacht), Gewerbebetriebe (z. B. Gastronomie)	Gewerbeimmobilien (häufig sog. Built-to-suit Projekte), Industrieanlagen, Fahrzeuge, EDV-Anlagen
Vertragsdauer	variabel, kurz oder längerfristig	überwiegend längerfristig; fest definiert	überwiegend längerfristig; fest definierte unkündbare Grundmietzeit
Investitionsrisiko	i. d. R. beim Vermieter; bei längerfristigen Mietverträgen wird ein Teil des Investitionsrisikos auf den Mieter übertragen	beim Pächter (während der Vertragsdauer); bei kürzerer Vertragsdauer oder kündbaren Verträgen verbleibt ein Teil des Investitionsrisikos beim Verpächter	überwiegend beim Leasingnehmer; ein Teil des Investitionsrisikos (= Restwertrisiko) verbleibt aber beim Leasinggeber.
Betriebsrisiko	i. d. R. beim Vermieter (Ausnahme: sog. Triple-net Mietverträge bei Immobilien)	überwiegend beim Pächter	i. d. R. beim Leasingnehmer